praise for *Lost in Living*

Halyna Kruk is a poet of lyrical spells and musical whispers. Her human-scale voice confronts the inhumane historical landscape out of which she speaks insisting on a personal life, the life of a human heart and its ancient search for a bit of light in the dark.

—Valzhyna Mort, winner of the 2021 International Griffin Poetry Prize for
Music for the Dead and Resurrected

Lost in Living, a selection of Halyna Kruk's breathtaking poems written during the escalation of the Russo-Ukrainian war paints haunting inner landscapes where dreams and reality's multiplying shadows intertwine. A searing, lyrical, and timely meditation on loss, memory, death, and love, this deeply spiritual collection explores the poet's dichotomy of emotions: "what's wrong with us, why this confounding joy/to love this world, it's enough to almost die/a few times," "if death were a writer's residency,/I would have applied long ago." Masterfully translated by Ali Kinsella and Dzvinia Orlowsky, the poems act like a time machine, and Kruk's alchemical self finds wonderment amid despair: "I'm still like a child/who got lost and found herself."

—Hélène Cardona, winner of an Albertine and FACE Foundation Prize,
author of *Life in Suspension*

At its best, poetry expresses and even anticipates the times. Although Halyna Kruk tells her own personal story in her important collection, *Lost in Living*, a glimpse of the era in which she is living is always apparent, and the brute facts of our recent history are never far from our reach in her haunting poems. Here, language is refined to express the essence of deeds and things, and her primary concern is for a deeply truthful telling of who we are and what the consequences are for our behavior in a post-modern world. In the hands of two deft and accomplished poet-translators, Kinsella and Orlowsky, who understand what Borges meant when he wrote that "the original is unfaithful to the translation," Kruk comes alive in English, largely, I would argue, because of the translators' ability and willingness to stay out of the way of these rich poems. This is literary translation at its best.

—Bruce Weigl, winner of Cliff Becker Book Prize in Translation,
author of *Among Elms in Ambush*

LOST IN LIVING

ВТРАЧАЮЧИ, ЖИТИ

Втрачаючи, жити

Галина Крук

з української переклали Елі Кінсела *і* Дзвіня Орловська

Видавництво «Лост Горс»
Ліберті Лейк, Вашингтон

LOST IN LIVING

Halyna Kruk

translated by Ali Kinsella *and* Dzvinia Orlowsky

LOST HORSE PRESS
Liberty Lake, Washington

Series Editor: Grace Mahoney

Halyna Kruk's Photos: Nastya Telikova *(back cover);* Anna Drvnik *(interior)*
Ali Kinsella's Photo: Steve Kaiser
Dzvinia Orlowsky's Photo: Sharona Jacobs
Cover Art: Root System by Viktoriia Cherniakhivska. Other fine art by Viktoriia Cherniakhivska can be found online at www.cherniakhivska.com.
Book Design: Christine Lysnewycz Holbert

This and other Lost Horse Press books can be viewed online at www.losthorsepress.org.

FIRST EDITION

LIBRARY OF CONGRESS CATALOGING-IN-PUBLICATION DATA

Cataloging-in-Publication Data may be obtained from the Library of Congress.

ISBN 979-8-9865715-7-7

THE LOST HORSE PRESS
CONTEMPORARY UKRAINIAN
POETRY SERIES

Volume Sixteen

зміст

table of contents

introduction

prologue

I

II

III

IV

IV

Вихід із тиші. Нагальна поезія Галини Крук

Дзвіня Орловська й Елі Кінсела

I

На одній із лекцій покійний Чеслав Мілош, лауреат Нобелівської премії, висловив твердження про те, що поезія – це невгамовна гонитва за реальним. Саме ця гонитва є засадничою для Галини Крук. Одна з чільних в Україні поеток, Крук пише сильні вірші, які вражають незабутньою гостротою й нагальністю.

Крук почала віршувати зовсім юною, у шість років, але на письменницький шлях стала у перші роки незалежності, студенткою університету. У ті часи у Львові вирувало літературне життя, повне творчих людей, фестивалів і гепенінґів[1]. Літературні колективи, що займались почасти поезію, почасти перфомансом, були досить поширеним явищем в Україні. Після розпаду Совєтського союзу угруповання на кшталт Бу-Ба-Бу, Лугосад і Нова деґенерація активно долучились до відродження публічної, україномовної культури. Не обійшлося без зневажливого висміювання «священної» української культури (римованої банальщини, «стерильного» пасторального кітчу й такого іншого), яку совєтський уряд підніс високо вгору, щоб затьмарити все сучасне та (ймовірно) критичне. Але ті митці були повні не тільки сарказму, а й серйозних намірів творити нове мистецтво.

Крук, студентка філологічного факультету Львівського університету імені Івана Франка, разом із кількома

---

[1] Хаєцька, Анна. «Письменниця Галина Крук про улюблені книги». *Wonderzine*, 14 грудня 2021. www.wonderzine.com.ua/wonderzine/culture/bookshelf/8377-pismennitsya-galina-kruk-pro-ulyubleni-knigi.

introduction

Emerging from the Quiet: Poetic Urgency in Halyna Kruk

Dzvinia Orlowsky and Ali Kinsella

I

In a now famous statement, the late Nobel laureate Czesław Miłosz contended that poetry is the passionate pursuit of the real. That pursuit is what motivates Halyna Kruk. One of the most acclaimed poets in Ukraine, Kruk composes powerful poems that strike with an unforgettable immediacy and urgency.

Although Kruk started writing poems at the tender age of six, it was in the early years of independence when she was a university student that she started becoming a writer. Lviv at the time had a robust literary life full of creative types, festivals, and happenings.[1] Literary collectives, part poetry, part performance, were a rather common phenomenon in Ukraine then. After the collapse of the Soviet Union, groups such as Bu-Ba-Bu, Luhosad, and New Degeneration were actively involved in the rebirth of public, Ukrainian-language culture. Much of this meant an irreverent lampooning of the "sacred" Ukrainian culture (think rhyming platitudes, desexed pastoral kitsch) that the Soviet government had elevated to crowd out anything contemporary and potentially critical, but as sarcastic as they were, they were equally serious about making new art.

As their own joke, Kruk and some classmates in the philology department at Ivan Franko University formed a group—a "dissociation"—they called the Unheard Ofs. Parody though it may have been, the close, creative relationships bore fruit and all five mem-

---

[1] Anna Khaiets'ka, ed., "Pys'mennytsia Halyna Kruk pro uliubleni knyhy," *Wonderzine*, December 14, 2021, https://www.wonderzine.com.ua/wonderzine/culture/bookshelf/8377-pismennitsya-galina-kruk-pro-ulyubleni-knigi.

одногрупницями задля жарту створили й своє угруповання – «дисоціацію» – яку назвали «Нечувані». Хай то й була пародія, але творчі взаємини дали плоди і всі п'ятеро учасниць продовжили творити й після того, як закінчили науку. Крук виграла два конкурси, й організатори кожного надрукували по збірці її поезій як винагороду. Так, 1997 року друком вийшли «Мандри у пошуках дому» і «Сліди на піску».

В одному з віршів без назви у тій другій збірці Крук робить те, що далі увійде в її практику: через образи й тональність підсилює дієвість поезії і створює у читачів відчуття, ніби вони безпосередньо переживають прочитане.

> *Ти виходиш із тиші,*
> *і скапує сутінь тобою.*
> *Наче мокрі рибини,*
> *тріпочуть сліди на піску.[2]*

Уява читача мусить бути напоготові: тільки тоді відчуєш, що вірш нагальний. Вірш – це заклик до дії. Водночас, він мусить зробити певну подію чи знання відчутними на дотик, а також правдоподібними. Тут «тиша» і «мокрі рибини» – зазвичай сумирний, ба навіть слабкий образ – стають нагальними через ужиток двох дієслів: «скапує» і «тріпочуть». Несподівані образи сутіні, що скапує, і рибин на піску – спокуса, яку урвала смерть – наповнює вірш передчуттям небезпеки.

II

Крук підсилює відчуття нагальності й навислої загрози на початку одного з багатьох віршів без назви у збірці «Втрачаючи, жити»: поетка протиставляє образну мову і спокійний, мало не репортерський тон так, наче хтось веде звичайні нотатки:

---

[2] Крук, Галина. «Ти виходиш із тиші...» / Сліди на піску. – Київ: Гранослов, 1997.

16

bers went on to careers in the arts. Kruk won two separate contests that each published one of her collections as a prize. Thus, 1997 saw the publication of both her *Journeys in Search of a Home* (*Mandry u poshukakh domu*) and *Tracks on the Sand* (*Slidy na pisku*).

An untitled poem from that second collection presages how Kruk would come to use imagery and tone to underscore poetic agency and make readers feel they're directly experiencing what they're reading.

> *You emerge from the quiet*
> *and twilight drips of you.*
> *Like wet fish*
> *beating tracks on the sand.*[2]

For a poem to feel urgent, our imaginations must be on high alert. The poem is a call to action. However, the poem must make the occurrence or knowledge at hand palpable, and believable. Here the wet fish, generally a benign, even weak image, and the quiet become more urgent through the use of "dripping" and "beating." The surprise of dripping twilight and fish on sand, the seduction interrupted with death, gives the poem a sense of menace.

II

At the beginning of one of her many untitled poems from *Lost in Living*, Kruk heightens a sense of immediacy and impending danger by juxtaposing figurative language with a calm, almost journalistic tone—as if someone were merely taking notes:

> *the viper of fear crawls in at night*
> *through the ventilation shaft*
> *rustling quietly*
> *but wakes no one*

[2] Halyna Kruk, "Ty vykhodysh iz tyshi," in *Slidy na pisku* (Kyiv: Hranoslov, 1997).

> *гадина страху заповзає вночі*
> *крізь вентиляційну шахту*
>
> *шурхотить ледь чутно,*
> *але нікого не будить*

Далі в цьому ж вірші тиша прочиняє двері уяві оповідачки й викликає паніку. Розгорнута метафора проводить читача низкою жахливих наслідків:

> *вмощується десь у куточку ока*
> *заважає роздивитися, де ти*
>
> *заважає роздивитися, хто тут*
> *не дає бачити і розрізняти*

Гадина проникає у наші оселі так тихо, що нікого не будить: і це показує, що ми не усвідомлюємо повислої над нами загрози й нездатні її передбачити й підготуватися. Крук завершує вірша строфою на три рядки: *тоді тільки висока трава / може тебе впіймати за ногу / присоромити, загамувати*, натякаючи на нерозсудливу, надмірну реакцію на уявлені страхи. Природа не навертає читачів до здорового глузду чи віри. І не відновлює сил, як Ральф Волдо Емерсон старається переконати нас у своєму вірші «Ліс: прозовий сонет», де описує медитативну прогулянку лісом. У вірші Крук висока трава набуває образу зміїного кубла й заволодіває своєю жертвою. Відчуття небезпеки – страх завуальований, отруйний, невгамовний – творить нагальність.

У ще одному вірші без назви природа знову постає в образі того, хто вторгається на чужу територію. Плодове дерево перегороджує жінці вигляд з вікна: *алича, як дозріє, сипле людині гнилі / липа, тополя, акація – джерело алергії / не для того людина переїжджала в місто*. З інших віршів ми дізнаємося, що авторка

Later in the same poem, silence opens the door to the speaker's imagination, which in turn elicits panic. Extended metaphor directs the reader through a series of devastating consequences:

> *it settles in the corner of your eye*
> *keeps you from seeing where you are*
> *from distinguishing who's here*
>
> *not letting you raise your eyes higher*

That the viper enters our homes without waking anyone shows our oblivion to impending danger as well as inability to anticipate and prepare for it. Kruk closes with a three-line stanza: *only the tall grass / can catch you by the leg / shame and subdue you*, suggesting foolish overreaction to imagined fear. Nature, therefore, does not return the reader to reason or faith. It does not rejuvenate, as Ralph Waldo Emerson endeavors to persuade us in his "Woods: A Prose Sonnet," by taking a meditative walk in the woods. Here, tall grass, imagined as a den of snakes, overcomes and subdues its victim. Urgency is created in the threat that fear is covert, poisonous, and persistent.

In another untitled poem, nature is again regarded as an intruder. A fruit tree blocks a woman's view out her window: *the plum, when it matures, rains down rotten / linden, poplar, acacia—a source of allergies / this isn't why she moved to the city.* Through other poems, we learn she is the mother of a son for whom she prays, while not able to promise or guarantee his safety. Here she says that the plum *bears fruit when no one asks it to.* Unlike the archetypal Mother Nature who sustains and renews her surroundings, the speaker is unable to find a place where she can thrive or foster growth. The message at the end of the poem is heartbreaking:

> *may someone such as she neither blossom, nor bear fruit,*
> *nor spill rot, may she live far away*

— матір сина, за якого молиться і якому не може ні пообіцяти, ні гарантувати безпеки. Тут вона каже, що алича *плодоносить, коли не просять*. На відміну від архетипної матінки-природи, яка живить і відроджує своє оточення, оповідачка не може знайти місця, де б могла процвітати чи зростати. Вірш закінчується гнітюче:

> хай людина така не зацвітає, не родить,
> не сипле гнилі, хай живе десь подалі —
> в кам'яному мішку, в норі, у печері,
> під голим небом, під палючим сонцем,
> у пустелі, подібній до себе

Образи комах з'являються у багатьох поезіях Крук, маркуючи ледь помітні світи. У вірші під назвою «радіо "хоробрість"» дівчинка збирає сріблястих жуків у сірникову коробку. Вона прикладає коробку до вуха і слухає, як шарудять їхні ніжки, бо цей звук заспокоює її і допомагає заснути, коли мама йде працювати в нічну зміну. Сила уяви перетворює сірникову коробку на метафору й творить відчуття гостроти. Жуки в коробці ведуть свою передачу *для неї одної, перемовляються пошепки, / перемагаючи перешкоди на лінії*. Нагальність ситуації передає й те, що дівчинка шукає заспокоєння у ще менших за себе, ще вразливіших істотах.

Вразливість і стійкість менших створінь утішає також жінку, яка «дивується» їм, зіткнувшись зі смертю, у вірші «дай Боже волосся жінці в третій палаті...». При цьому Крук сміливо показує всі сторони людської безпомічності й робить це до болю відверто: носимося зі своїми мертвими як діти — *мамо, у нього надто тонка шапка, — / сичить куля* — і делікатно нагадуючи: *все забудеться, хай не зразу* у вірші «вілли, по́сестро, спорожніли. на весняному промені, як на рожні...».

in a stone sack, a burrow, a cave,
under the open sky, a scorching sun,
in a desert akin to herself

Images of insects appear throughout Kruk's poetry, designating barely detectable worlds. In the poem titled "radio bravery," a young girl collects silver water beetles in a matchbox. She puts it up to her ear and listens to their legs rustling as a way of comforting her to sleep while her mother works a night shift. Immediacy is created through the power of the imagination, transforming the matchbox into metaphor. The beetles in the box host a show *for her alone, speaking in whispers / overcoming interference on the line.* The urgency of the situation is conveyed through the girl's reliance on an even smaller, more vulnerable life form to calm her.

The vulnerability and resilience of smaller creatures offer solace to yet another woman who "marvels" at them after a brush with death in "may God give hair to the woman in the third room." Still, Kruk does not shy away from showing all sides of human powerlessness, both in the painfully explicit way of "we carry our dead"—*mom, his hat is too thin   the bullet hisses*—or the subtler reminder from "the villas, sister, are all empty" that *everything will be forgotten, albeit not at once.*

III

Kruk holds a doctorate in early baroque Ukrainian literature and has taught 17th–18th-century European and Ukrainian literatures at Ivan Franko National University in Lviv for the last twenty years, where she's also helped establish a creative writing program.[3] When she teaches fiction, she encourages her students to plan out the structure of their text in detail before beginning to write. so they don't go forty pages in the wrong direction, waste

---

[3] Khaiets'ka, "Pys'mennytsia Halyna Kruk pro uliubleni knyhy." *Knyzhkovyi koshyk*, "#78 Halyna Kruk (pt. 2)," YouTube video, 15:48, posted by "Ingmar rr007," June 20, 2011, https://www.youtube.com/watch?v=-l-545fZkS4.

III

Крук захистила дисертацію на тему української літератури раннього бароко й ось уже двадцять років викладає курси з європейської та української літератур XVII–XVIII століть у Львівському національному університеті імені Івана Франка, де також стала співзасновницею програми з творчого письма[3]. На заняттях із творчопису вона радить студентам детально продумати й розписати структуру тексту, перш ніж сідати писати, щоб не йти потім сорок сторінок у хибному напрямку, марнувати час і «вбивати непродуманих персонажів». А от до поезії Крук пропагує інший підхід: тут їй до вподоби спонтанність, щоб кожна деталь у вірші відкривала незліченні можливості, а заздалегідь продуманого плану не було. До прикладу, у вірші «я вчуся малювати як мовчу...» Крук спершу пише, що вчиться малювати, а тоді перестрибує до таких рядків:

> *не тушувати біль.*
> *я вчуся, як тікати звідусіль,*
>
> *як не тримати в голові ходи*

Ці стрибки в дусі імажизму, що підштовхують поетку глибше й глибше досліджувати різні аспекти людської природи через несподівані асоціації, що їх викликає мова, ще більше увиразнюють відчуття гостроти й нагальності. Таку ж творчу свободу, на думку Крук, пропагувало бароко, яке «навіть рекомендувало поєднувати непоєднуване — заради викрешування іскри нової думки чи спостереження»[4].

---

[3] Хаєцька, Анна. «Письменниця Галина Крук про улюблені книги». *Книжковий кошик*, «№78 Галина Крук (Ч. 2)», відео на YouTube, 15:48, опубліковано «Ingmarrr007», 20 червня 2011, www.youtube.com/watch?v=-l-545fZkS4.

[4] Крук, Галина. «Галина Крук: Письменник як людина, що дійшла до ручки», інтерв'ю з Юстиною Добуш, *Craft*, 30 грудня 2020. https://craftmagazine.net/galina-kruk/.

their time, and have "to kill their ill-conceived characters." But she regards poetry differently, where she favors spontaneity, for every point in a poem to lead to myriad possibilities, to have no preconceived plan. In "I'm learning to paint silently," for example, Kruk leaps from talking about painting to

> *not covering up the pain*
> *I'm learning how to run away from here,*
>
> *how not to hold the paths in my head,*

Immediacy and urgency are made apparent vis-à-vis imagistic leaps that push her deeper into exploring various aspects of the human condition through the unexpected associations language can evoke. It is this freedom that she feels she has in common with the Baroque, a movement that "even recommended combining the uncombinable in order to light some sparks of a new thought or observation." [4]

IV

Kruk expresses a strongly pluralistic view of God, while not being indifferent to his presence or significance. For her, God is present and real, often taken for granted, and different things to different people. This presence, though, is often ambiguous and not one that can always be counted on. Kruk is not afraid to critique his work, at times sounding irreverent or asking God to do "ungodly" things. In "black hole," she tells God, *don't listen*, or *don't walk on*, ultimately concluding that *love leaves a hole in a woman's heart the size of God*, underscoring both the importance of God's presence and mildly chastising him for his absence. This contradictory—very human, in fact—relationship with the Almighty both feels very plausible, and also demands vigilance of the readers through its unexpectedness.

[4] Halyna Kruk, "Halyna Kruk: 'Pys'mennyk iak liudyna, shcho diishla do ruchky,' interview by Yustyna Dobush, *Craft*, December 30, 2020, https://craftmagazine.net/galina-kruk/.

IV

Крук виражає рішуче плюралістичний погляд на Бога та водночас не є байдужою до його присутності чи значущості. Для неї Бог присутній і реальний, його часто сприймають як належне, і різні люди трактують його по-різному. Втім, ця присутність часто буває непевна і на неї не завжди можна розраховувати. Крук не боїться критикувати роботу Бога і часом її слова звучать нешанобливо або ж вона просить бога про щось «безбожне». У «чорній дірці» поетка каже Богові *не слухай* або *не проходь мимо*, і на завершення пише, що *любов залишає у серці жінки діру, розміром з Бога*, чим підкреслює, що присутність Бога важлива й водночас м'яко дорікає йому за відсутність. Ці суперечливі – дуже людські, насправді – стосунки з Усевишнім здаються вельми правдоподібними, та при цьому бувають такі несподівані, що читачі мусять не втрачати пильності.

У вірші, який починається «комаха літака, хітинове крило...» оповідачка підсилює драматичну напругу, коли уявляє, що її та інших пасажирок і пасажирів тримає в повітрі один тільки високий гул і будь-якої миті вони можуть впасти на землю. Низка соковитих, яскравих образів описує краєвиди внизу:

> *ці форми унизу: накраяні паї,*
> *напоєні поля усіх земних відтінків*

> *як патина, ріка, обтріпані краї,*
> *як патока, цей блиск і тіней загумінки*

Порівняння літака з комашкою створює відчуття неминучої загрози. Крук вважає Бога милостивим і водночас тим, кому треба нагадувати, що влада тягне за собою відповідальність. Вона завершує вірша такими рядками:

In the untitled poem, "a bug of an airplane, chitinous wing," the speaker magnifies dramatic tension by imagining herself and other passengers held midair by merely a high hum, capable of being dropped at any given moment. Landscapes below converge through lush, palpable imagery:

> *these shapes below: allotted shares*
> *watered fields of all earth tones*
>
> *like a patina, the river, frayed lands,*
> *like molasses this glitter and backwoods of shadows*

The comparison of a plane to a tiny bug establishes an impending sense of danger. Kruk sees God as merciful, but also as a being who needs a reminder of the responsibility of his command. She concludes the poem:

> *I draw a line like a rising note*
> *to the edge, the border, the heights from which*
>
> *it would be a sin, God, not to catch*
> *in your hand, this bug*
> *so small, alone*

V

In May 2023, Kruk spoke to a Berlin audience, expressing her disappointment that poetry cannot kill. She was rebutting an idea she often encounters from scholars of Russian literature that poetry is "above war" and "looks toward eternity," whereas, in reality, "no metaphors work against an armed soldier."[5] The long-debated idea that there can be art for art's sake becomes laughable in war.

---

[5] Halyna Kruk, "'I wish that poetry could really kill.' Halyna Kruk's statement in Berlin," trans. Anna Vovcheko, *PEN Ukraine,* June 20, 2022, https://pen.org.ua/en/meni-shkoda-csho-poeziya-ne-vbivae-promova-galini-kruk-na-vid kritti-poetichnogo-festivalyu-v-berlini

я лінію веду, як ноту висхідну,
до краю, до межі, до висоти, з якої

комаху літака, таку малу, одну
гріх, Боже, не впіймати
рукою

V

У травні 2023 Крук виступала в Берліні й висловила жаль, що поезія не вбиває. Вона заперечила думку, яку часто чує від дослідників російської літератури, мовляв, поезія «вище війни» і «дивиться у вічність», бо ж насправді «проти людини з автоматом метафори не працюють»[5]. Давно обговорювана ідея про те, що мистецтво може існувати просто заради мистецтва, у часі війни стає смішною. Крук каже, що з кожним днем «стає все важче і важче пояснювати людям назовні, що відчуваємо ми тут, усередині. Нам не до поезії». І далі: «Я не знаю поезії, яка може цю рану залікувати», але здається, що це нічому не під силу, тому світ слухає.

У 2022 році вона могла б перебрати написане й упорядкувати шосту поетичну збірку, але повномасштабне вторгнення різко змінило пріоритети й можливості. На тлі все більшої популярності за межами України, насамперед завдяки найсвіжішим текстам, Крук трохи шкодує, що вірші, які її змушує писати війна, не підкреслюють її сильних сторін як поетки. Проте світ потребує митців, які б розтлумачили і прояснили цю війну, що здається такою нелогічною, і тому Західна Європа запрошує поетку представляти свій дім через власну поезію.

[5] Крук, Галина. «"Мені шкода, що поезія не вбиває". Промова Галини Крук на відкритті поетичного фестивалю в Берліні», *PEN Ukraine*, 20 червня 2022. https://pen.org.ua/en/meni-shkoda-csho-poeziya-ne-vbivae-promova-galini-kruk-na-vidkritti-poetichnogo-festivalyu-v-berlini.

She says that with every day, it "becomes harder to explain to people on the outside what we feel here on the inside. Poetry isn't for us." She tells us, "I know no poetry that can heal this wound," but it seems nothing else can either, so the world listens.

She should have spent 2022 sorting through and ordering them into her sixth volume, but the invasion meant a sudden shift in priorities and possibilities. As Kruk becomes increasingly well known outside of Ukraine, especially for her most recent work, she feels a tinge of regret that the poems the war has demanded of her do not highlight her strengths as a poet. But, because the world is looking to artists to interpret and elucidate this war that seems so illogical, Kruk has been called on by Western Europe to represent her home with her poetry.

Yet, *Lost in Living* is not a collection of war poems. Rather than insist that Ukrainian poets speak only about war, it is our privilege to champion Kruk's earlier works, particularly given the difficulties of publishing poetry collections in a warzone. Kruk has written hundreds of poems since the publication of her last collection, *Grown Up* (*Dorosla*, 2017), and she has said they "are dear to me and don't pain me like those about the war do."[6] Of course, the war in Ukraine has been going on since 2014. It touches everything, including Halyna Kruk's "non-war" poetry. It is in the background of every conversation, every choice, and one has grounds to read all her work through this lens, especially when she offers so little room to relax and hope.

In her untitled poem that begins "weekends with no access to the sea," "calm" is regarded as a seductive state of mind capable of cunning that *follows closely like a coyote*. The speaker questions the validity and permanence of the written word, the lack of which is synonymous with uncertainty and death. In the last stanza, im-

[6] Halyna Kruk, text message to Ali Kinsella, February 15, 2023.

Втім, «Втрачаючи, жити» – це не збірка воєнної поезії. Замість твердити, що українські поети й поетки пишуть лише про війну, ми маємо за честь представити більш ранні тексти Крук, що дуже важливо, надто коли зважити на труднощі з виданням поетичних збірок у охопленій війною країні. Відколи друком вийшла її крайня збірка, «Доросла» (2017), Крук написала сотні віршів, і, за її словами, «там вірші, які мені дорогі і які мене не болять, як ті, що про війну»[6]. Війна в Україні триває, певна річ, із 2014 року. І зачіпає все, зокрема й «невоєнні» вірші Галини Крук. Війна є тлом усіх розмов, усіх рішень, і тому всі її тексти можна цілком виправдано сприймати через цю оптику, надто коли поетка майже не залишає місця для перепочинку й надії.

У вірші без назви, що починається рядком «вихідні без виходу до моря...», «спокій» фігурує як спокусливий душевний стан, підступний і такий, *що койотом ходить назирці*. Оповідачка ставить під сумнів достовірність і постійність писаного слова, а їхній брак рівнозначний непевності й смерті. В останній строфі гостроту й нагальність підсилює пряме звертання, у якому відлунює незабутній рядок Емілі Дікінсон: «Я вчула Мухи дзум – умерши»:

> *що тобі писалося на ньому?*
> *що ти відчитати не зумів?*
> *зумер мухи, що була за кому,*
> *що була за істину зникому*
> *поміж зайвих слів...*

Іде війна чи ні, а смерть завжди була і є частиною життя, кінцем, до якого ми всі неухильно прямуємо. Крук визнає глибочінь смерті й нашу нездатність вплинути на неї, та все ж сподівається, що з малих вчинків усе-таки можна виліпити життя, наповнене сенсом. Вірш «син» вона закінчує такими

---

[6] Крук, Галина. З повідомлення до Елі Кінсели, 15 лютого 2023.

mediacy and urgency are stressed through direct address echoing Emily Dickinson's haunting "I heard a Fly buzz—when I died":

> *what was written there for you?*
> *what couldn't you read?*
> *a fly's buzz after the comma—*
> *what was that disappearing truth*
> *between incidental words*

War or not, death is always a part of life, the end we all steadily work toward. Kruk acknowledges the profoundness of death and our inability to affect it, but retains hope that a life of meaning can be molded from small acts. She concludes "son" with the lines: *no matter how you prepare, it's when and how they want it: / conception, birth, death // all that people can do to resist this / is plant a walnut tree.* In another poem, "august," Kruk suggests tasks grounded in life can make one forget death's omnipresence:

> *you can, by living*
> *slowly and frugally, dry pears for winter,*
> *darn stiff autumn shrouds of conversation with voices,*
> *go for a stroll together around the empty park*
> *fingering the hole in your pocket,*
> *which, in the end, we both fall out of*

This realization is both immediate and urgent in its profound sorrow and its call to action. Kruk interweaves painful irony (this is all we have) and unassuming hope (it will get us by), implying life's contradictory nature.

To promote the work of any Ukrainian artist at this time is to participate in decolonizing Ukrainian literature and changing the face of Eastern Europe the West has seen for the last century. There was of course a brilliant surge of reclaiming of autochthonous culture in the early nineties, but Ukrainians have been working

рядками: *а все стається як і коли захоче – / зачаття, народження, смерть // все, що людина може протиставити цьому – / це хіба що посадити собі горіха.* В іншому вірші під назвою «серпень» Крук каже, що забути про повсякчасну присутність смерті допомагають житейські справи:

можна, живучи
повільно і ощадливо, сушити на зиму груші,
голосами шити цупкі осінні савани розмов,
прогулюватися удвох порожнім парком,
намацуючи у твоїй кишені шпарку,
в яку в кінці нам випасти обом

Повне глибокого смутку й заклику до дії, це усвідомлення і гостре, і нагальне водночас. Крук натякає на суперечливу природу життя, переплітаючи болісну іронію (це все, що в нас є) і смиренну надію (це допоможе нам втриматись).

Поширювати роботи будь-кого з українських мисткинь і митців у нинішній час означає долучатись до деколонізації української літератури й зміни обличчя Східної Європи, яким його бачив Захід упродовж останнього століття. Справді, на початку дев'яностих стався сплеск відродження автохтонної культури, і це чудово, але українці докладали до цього зусиль століттями, а не тільки останні тридцять років. В умовах війни, яку Росія веде проти України, важко уявити, що передумовою написання цих віршів була, за Вільямом Вордсвортом, «емоція, згадана у стані спокою». Але це не значить, що в них нема місця для роздумів чи душевної рівноваги, як-от у життєствердному вірші Крук «захриплий голос сусідської радіоточки...». Зрештою, саме рух до життя робить її поезію такою гострою, такою нагальною:

люби мене на виріст,
танцюй зі мною як із дорослою, посеред кухні, доки кава

on this project for centuries, not just the past three decades. With Russia's ongoing war in Ukraine, it's difficult to imagine William Wordsworth's "emotion recollected in tranquility" as prerequisite to the writing of these poems. But that's not to say reflection or peace is not present, as in Kruk's life-affirming poem, "the hoarse voice of the neighbor's radio." It is ultimately a movement toward survival that drives the immediacy and urgency of her poetry:

love me with a love I can grow into
dance with me as if with a woman in the kitchen until the coffee's
brewed and I step on your feet, having lost count of how
many mornings we've danced

and how many more we still will

October 2023

біжить і я наступаю тобі на ноги, збившись із рахунку,
скільки ранків ми танцюємо

і скільки ще попереду

жовтень 2023 р.

переклала з англійської Ганна Лелів

пролог

prologue

серпень

жарівки груш підсвічують вночі
останні метри серпня. крутять порно
в якомусь із вікон, у залі ночі чорно.
сюркочуть коники, хихочуть глядачі
і недочитані, перебігають титри
і радить хтось легкий над вухом: витри
всі зайві звуки, схожі на жалі
з тим, що з нами трапиться в фіналі,
бо ще не час, бо саспенс і так далі,
бо повний метр і можна, живучи
повільно і ощадливо, сушити на зиму груші,
голосами шити цупкі осінні савани розмов,
прогулюватися удвох порожнім парком,
намацуючи у твоїй кишені шпарку,
в яку в кінці нам випасти обом

august

at night the pear bulbs illuminate
august's final meters   a porno plays
in someone's window, in a black living room
grasshoppers chirp, the spectators giggle,
the credits roll by unread
someone whispers emphatically in my ear: get rid of
all useless sounds like laments
about what happens to us in the end,
'cause it's not time yet, there's suspense and so on,
for it's feature-length and you can, by living
slowly and frugally, dry pears for winter,
darn stiff autumn shrouds of conversation with voices,
go for a stroll together around the empty park,
fingering the hole in your pocket,
which, in the end, we both fall out of

I

що тобі писалося на ньому?
що ти відчитати не зумів?

«вихідні без виходу до моря...»

I

what was written there for you?
what couldn't you read?

"weekends with no exit to the sea"

• • •

прийшов до мене кіт, на грудях ліг
у сон мій, неглибокий, наче сніг
провалювався лапами всіма
аж до твердого попід снігом тла,
де мозок мій нас малював обох
на себе неподібними і бог
присутній був у всьому
                              так і є:
ось я, як кіт, ось кіт, як «я» моє,
і ця тонка невидима межа,
що навзамін мінятись заважа,
ось сон кота у мій крадеться сон,
і тут він кіт, а я — повільний сом
він ловить, я ховаюся під лід
і бог котячий мружиться, як кіт,
та сома бог, немов первинних баг,
вчить нас читати інших по губах,
мене й кота, розгублених зі сну,
упійманих на променя блесну

● ● ●

a cat came to me, lay on my chest
in a dream, shallow as snow
and broken through by all its paws
to the hard bottom beneath
where my mind drew us both
unrecognizable to ourselves—and god
was present in everything
                          as he is:
here I am, like the cat, here's the cat like my "I,"
and this thin, invisible boundary
that gets in the way of changing
here the cat's dream sneaks into my own,
and here he's a cat and I'm a slow catfish
he's trying to catch me but I hide under the ice
and the cat god squints like a cat,
and the god of the catfish, like a glitch for the first humans
teaches us to read others' lips,
me and the cat, lost in the dream,
caught on a lure of a ray

радіо «хоробрість»

дівчинка збирає сріблястих жуків
у сірникову коробку, прикладає до вуха і слухає,
як шарудять їхні ніжки, ледь чутно, загадково

прикладає до вуха і слухає в темряві, доки не засне
коли мама іде в нічну зміну, щоб не боятися

це вона винайшла радіо, таке маленьке, портативне,
що працює без електрики, тільки на силі уяви,
тільки на силі страху перед ніччю, коли мама далеко
працює від сорому плакати, коли довкола нікого

кілька жуків у сірниковій коробці ведуть свою передачу
для неї одної, перемовляються пошепки,
перемагаючи перешкоди на лінії, диктори опівнічні,
надто тихі, щоб зрозуміти, про що вони насправді
надто спритні, щоб втримати їх у сірниковій коробці

маленькій дівчинці у великому маминому ліжку

radio bravery

a girl collects silver water beetles
in a matchbox, puts it up to her ear and listens
to how their legs, barely audibly, rustle—

holds it to her ear and listens in the darkness until she falls asleep,
a radio for when her mom leaves for her night shift

so she won't be afraid—so small, portable
it needs no electricity, only the power of imagination,
the power of night fear, when mom is working
far away—crying from shame when there's no one around

only the beetles in the matchbox hosting their show
for her alone, speaking in whispers
overcoming interference on the line, the midnight broadcasters
are too quiet to know what they're really about,
too nimble for a little girl in her mom's big bed

to keep them in a matchbox

1-е вересня

з віком день знань перетворюється на день зізнань:
що нема лікувальних трав від шкільних травм,
що ні гомеопат, ні народний цілитель, ні костоправ
не усуне фатальних наслідків тих невинних причин:
кожен, хто йшов до школи за руку з батьками чи сам,
ніколи звідти не повернувся таким самим.

всі ми училися усього потроху,
язиками собі помагали виводити букви,
руками собі помагали наголошувати слова.
рахували, доки вистачало пальців, все решта – в умі,
так багато лишалось в умі

дні до закінчення чверті позначали зарубками на парті або стіні,
на канікулах мили обмальовані парти
у їдальню ходили парами, крок вправо, крок вліво – краще ні,
рівняння на вчительку, здається, останній з'їзд партії
перша спроба колективної втечі з уроків –
майже як перший секс:
страшно, соромно, обіцяли наслідки на усе життя,
приходив слідчий з міліції, а зі слідчим – пес.
на 10-ту річниці закінчення школи
всі нервово сміялися з анекдота про міліцейського пса...

друзі мої, ровесники, що так і не вийшли із глухого кута,
що вчилися рахувати на практиці, не закриваючи кас,
що іноземні мови та географію пізнавали уже на місцях,
що стояли в 90-х на шухері, що кричали комусь «атас»,
перспектива й надалі розмита, скільки не мий рам
школа життя насправді ніколи не закінчиться,
шкода життя, шкода всіх нас

september 1, day of knowledge

with age, the day of knowledge turns into the day of confessions:
that there are no medicinal herbs for school traumas,
that no homeopath or folk healer or bonesetter
can cure the fatal effects of those innocent causes:
everyone who's gone to school holding their parent's hand or alone
can never return unchanged

we all gradually learned to help ourselves,
shadowing letters with our tongues as we wrote,
emphasizing words with our hands
counting as high as we could on our fingers, the rest in our heads,
so much remained in our heads

days till the end of the quarter notched on the desk or wall
graffitied desks washed over break
we walked to the cafeteria in pairs—careful not to step out of line
behind the teacher—the last party congress,
a first attempt at group hooky
almost like first sex:
scary, shameful, we'd regret it our whole lives
a police detective came, and with him, a canine
at the ten-year anniversary
everyone laughed nervously at the joke about the officer's dog

friends, classmates, who have not yet gotten out of the dead end
who learned to count during training, without balancing the register
who recognized foreign languages and geography learned on the spot
who kept lookout in the 90s, who shouted "run!"
prospects remain blurry as long as you don't wash the frame
the school of life never really ends
a pity for life, a pity for all of us

перше вересня. маленький школярик перелякано
    тримається мами,
мама також тримається — мужньо заходить у клас,
так ніби перший раз, так ніби останній раз

september 1   a small, frightened schoolkid holds on to mommy
mommy also holds on, bravely enters the classroom
as if for the first time, as if for the last

. . .

я вчуся малювати як мовчу
як глек мовчить, налитий вщерть дощу,
з поливи облупившись де-не-де
ідея в тім, що у мовчанні – як ніде

вчусь, фарбу накладаючи згори,
на все, хто що мені наговорив,
густим мазком, не тушувати біль
я вчуся, як тікати звідусіль

як не тримати в голові ходи
води мене мій пензлику, води...
у тиші промовляє кожна грань:
червона пляма в зелені – герань,

вікна блакитна паралель. скісна
від рами тінь, від крику голосна
луна розчахнута. хай чахне, доки я
мовчатиму, наповнена як глек,
як суглинок. як глина. ім'ярек

. . .

I'm learning to paint silently
the way a pitcher is silent, filled to the brim with rain
flaking with glaze here and there
in silence like nowhere else

I can learn, applying the paint from above
in a thick stroke on everything someone's
once told me, not covering up the pain
I'm learning how to run away from here

how not to hold the paths in my head,
lead me, my brush, lead—
every facet speaks in silence:
the red splotch in green—a geranium,

the window's blue parallel   slanted
shadow of the frame, a shout's
loud echo shattered   let it die out while I
keep silent, full as a pitcher,
like loam   like clay   whatever it is

сотворення світу

береш простий олівець
і викреслюєш:
все, що не твоє,
без чого можеш обійтися,
за що не готовий віддати душу

береш – і викреслюєш
слово по слову,
краплю за краплею
залишаючи саму сіль
білу на білому

найскладніше –
намалювати простим олівцем
зовсім біле
і не очорнити
і не забруднитися

creation of the world

take a simple pencil
and cross out
all that's not yours
all that you can live without
all that you aren't ready
to give up your soul for

take it and cross out
word after word
each period
leaving only the salt
white on white—

the hardest part
is drawing on plain white
with a simple pencil
without blackening
or contaminating it

* * *

комаха літака, хітинове крило,
октанове число тримає нас в повітрі

такий високий гул, мов хтось малює тло
вібрато голубим, найлегшим у палітрі

ці форми унизу: накраяні паї,
напоєні поля усіх земних відтінків

як патина, ріка, обтріпані краї,
як патока, цей блиск і тіней загумінки

я лінію веду, як ноту висхідну,
до краю, до межі, до висоти, з якої

комаху літака, таку малу, одну
гріх, Боже, не впіймати
рукою

• • •

a bug of an airplane, chitinous wing
an octane number holds us in the air

such a high hum, as if someone's painting the backdrop
an azure vibrato, the lightest in the palette

these shapes below: allotted shares
watered fields of all earth tones

like a patina, the river, frayed lands,
like molasses this glitter and backwoods of shadows

I draw a line like a rising note
to the edge, the border, the heights from which

it would be a sin, God, not to catch
in your hand, this bug
so small, alone

* * *

ти підліток, закоханий по вуха
в сусідську дівчинку, яка уміє слухати
без натяків на насмішку, сама
ще тільки натяк на майбутні форми,
на той туман, що вас обох огорне,
на час, якого майже вже нема

вона ще пам'ятає все до йоти —
той поцілунок, що була не проти,
який поцілив мимо — у щоку
ті квіти, що зламались за спиною,
коли ти їх виносив з «поля бою»,
упійманий в чужому квітнику

і от ви стоїте посеред двору,
де стільки літ видряпувався вгору
червоний від натуги виноград
і кожен жде, хто перший скаже: знаєш,
отак живеш, усе переживаєш —
і знову перемотуєш назад

• • •

you're a teen, in love up to your ears
with the neighbor girl who knows how to listen
without a hint of mockery, herself
just a hint at future forms
at the fog that will envelope you both
at a time that's nearly gone

she still remembers every iota—
the kiss she didn't mind
placed silently on her cheek
those flowers that broke behind your back
when you carried them from the "battlefield"
stolen from someone else's bed

and you stand in the middle of the yard,
where for so many summers grapes
red with exertion
have climbed above
and each one waits to see who'll speak first: you know
you live like this, survive everything,
only to find yourself where you started

• • •

дощі ростуть косо
мов у прописі першокласниця
невміло обводжу твої губи
а пальці опираються плавності обрисів
не вміють дати собі раду з формою
– повторюй за мною по складах, – кажеш, – гуу-бии
повторюю: гуу-бии
– така розгублена, – кажеш, – ніби вперше
вдруге, але хто б то зізнавався

• • •

the rains grow slant
like a first-grader's cursive
I clumsily encircle your lips
but my fingers resist the smoothness of contours
they can't cope with shape
repeat the syllables after me, you say, *li-ips*
I repeat: *li-ips*
you're lost, you say, like it's your first time
it's the second, but who'd admit that

* * *

вихідні без виходу до моря
піднебіння осені шорстке
заговорюй зуби, заговорюй
з кожною, що пробігає поряд
хвилею. зухвалий, як саке

в спокої, що скоїться із нами
що койотом ходить назирці,
маються-здіймаються димами
списаного листя папірці

що тобі писалося на ньому?
що ти відчитати не зумів?
зумер мухи, що була за кому,
що була за істину зникому
поміж зайвих слів...

• • •

weekends with no exit to the sea
autumn's palate is rocky—
talk to distract, talk to every wave
without interruption
you're as daring as rice wine

in a calm that toys with us
follows closely like a coyote
it flutters with the smoke
of a burned sheet of paper
covered in writing

what was written there for you?
what couldn't you read?
a fly's buzz after the comma—
what was that disappearing truth
between incidental words

heartbreak hotel

пам'ять доносить із місць, у яких побували ми,
море подробиць і кадрів, що вийшли невдалими,

ракурсів дивних, пояснень химерних рекурсії
море до нас застосовує метод перкусії —

серце простукує стіни і стелю доступного,
розчарування щораз вимагає: наступного!

ці порожнини у тілі ніколи не будуть наповнені,
все прибудоване змиє при першій же повені.

омніа флюунт, мутанте дівочої пам'яті,
хочеш десь ніч перебути, а всі номери — зайняті

heartbreak hotel

memory drifts from the places we've been
a sea of details and images that came out blurry—

of strange angles, fanciful explanations of recursion
on us the sea pounds percussively—

heart knocks on the walls and ceiling of who's available
disappointment always demands: next!

these body cavities will never be filled,
everything attached washes away with the first flood

omnia fluunt, mutant of maiden mind,
you want to spend the night somewhere,
but all rooms are occupied

самість

стояла така спека,
що навіть прохолодність у стосунках була як благо

перш ніж відійти, літо вичавлювало з нас останні соки,
переплавляло в щось інше, не обов'язково краще

це тіло не викликає в мене більше довіри,
але ніхто мені його не замінить, тіло як тіло

іноді світ обмежується крисами капелюха від сонця,
западиною між грудей, колінами на горизонті

я тебе не бачу, тіло моє, я фокусуюся далі,
де лінія моря ледь заламується по краях,
як закопилені губи, нагадуючи, що земля кругла

є речі, в які треба вірити, навіть якщо сам не досвідчиш:
фізика твердого і порожнистого тіла,
механіка внутрішнього руху вгору, оптика просвітлень

ще жодного літа ми не прочитали всього списку літератури,
завжди щось виявляється зайвим, застарілим, не смакує.

останній цвіркун літа знаходить у мені першу глибоку зморшку
і там залягає назавжди
високочастотним звуком, від якого нема де сховатись

тіло моє любе, ми пройшли критичну точку,
ми рухаємося в напрямку щораз більшого дискомфорту:

the self

it was so hot
even coolness in relationships was welcome

before taking its leave, summer squeezed from us our final juices
melted us down into something else, not necessarily better

this body no longer inspires me to trust
but no one can replace it for me, a body is a body

sometimes the world is limited by the brim of a sun hat
by the space between breasts, knees on the horizon

I don't see you, my body, I'm focusing farther out
where the sea barely breaks at the edges
like pursed lips, reminding us the earth is round

there are things you must believe, even if you don't experience
    them for yourself:
solid and hollow body physics
the mechanics of internal upward motion, optics of illumination

we've still never finished a summer reading list,
something's always seemed extraneous, outdated, not to our taste

summer's last cricket finds my first deep wrinkle
and settles in forever
there's no getting away from its high-frequency sound

dear body of mine, we've passed a critical point
we're headed in the direction of increasing discomfort:

безглузде диско на пляжі, набридливі крики чужих дітей,
колючий пісок під купальником

море б'ється об заклад,
що ми більше не повернемося сюди ніколи
такими самими

ніколи такими самими

crazed disco at the beach, the annoying shrieks of
     other people's children
prickly sand under my suit,

the sea pounds its wager
that we'll never come back here again
as we are never again

as we are

• • •

літо скінченне поле безкрає
за видноколом нічого немає

окрім прозорого дна, по якому
декотрі з нас повертають додому

з вицвілим чубом, загнічені, наче
вийняті з печі хлібини гарячі

може, й зависоко коник сюркоче,
може, й зарізко б'є сонце ув очі

може, людина істота неспіла
наче цеглина руда пустотіла

така, що випалюєш в спеки горнилі
пальці і губи в чорничнім чорнилі

доки ставок розімлілий до блиску,
доки ступаєш піском, наче приском

доки ще можеш цю тінь обігнати
цю довгоногу, брикучу, цибату,

цю трохи нижчу і цю, трохи важчу
сонце закотиться в пущу, як в пащу

чи то кита, чи кота, що по всьому
буде малим нам великим за «дому»...

• • •

summer is finite; the field, endless
there is nothing in sight

except the transparent bottom along which
some of us are returning home

with faded bangs—golden brown
like hot loaves taken out of the oven

maybe the grasshopper chirps too high
maybe the sun beats in our eyes too sharply

maybe people are unfinished creatures
like red, hollow bricks

the ones you fire in the kiln's heat
you and I, our fingers and lips stained

with blueberry ink—
as long as the pond is thick and shiny

as long as you walk across
the scorching sand

as long as you can outrun this shadow
long-legged, spirited, angular

this one slightly lower this one slightly heavier
the sun will roll into the underbrush

as if into the jaws of a whale or a cat
everything in its own way

will be too big a "house" for us small ones

II

ніхто із нас тоді не повернувся, із того сну

«у сні, який заплутує сліди, зимовий заєць...»

II

none of us returned from that dream

"in a dream that muddles tracks, a winter hare,"

. . .

яблуня затіняє людині вікна
алича, як дозріє, сипле людині гнилі
липа, тополя, акація – джерело алергії
не для того людина переїжджала в місто,
щоб терпіти усе це під боком.
треба зрізати, стяти, зрубати!

вікна людини впираються в інші вікна,
вічно зашторені, завжди наглухо закриті
вікна людини виходять на брили бетону,
на розбиту дорогу, на обдерту сусідську панельку,
але найбільше шкоди, звичайно, від яблуні й липи,
від аличі, яка плодоносить, коли не просять

господи лип запашних і крислатих акацій,
боже зелених яблук, що не доспіють,
хай людина така не зацвітає, не родить,
не сипле гнилі, хай живе десь подалі –
в кам'яному мішку, в норі, у печері,
під голим небом, під палючим сонцем,
у пустелі, подібній до себе

• • •

the apple tree crowds her window
the plum, when it matures, rains down rotten
linden, poplar, acacia—a source of allergies
this isn't why she moved to the city,
to deal with all this under her nose.
cut, pull, chop them down!

her windows force themselves upon other windows,
forever curtained, always shut fast
her windows look out onto cement blocks,
the derelict road, the raggedy neighboring prefab,
but worst, of course, is the apple and linden,
the plum that bears fruit when no one asks it to

lord of fragrant lindens and wide-brimmed acacias,
god of green apples that never ripen
may someone such as she neither blossom, nor bear fruit,
nor spill rot, may she live far away
in a stone sack, a burrow, a cave,
under the open sky, a scorching sun,
in a desert akin to herself

* * *

голомозий сусідський хлопчак із дитинства твого
так і не виріс,
незважаючи на час, що несе нас все далі і далі від тих берегів

його голова, стрижена на літо довоєнною машинкою,
не вкрилася знову м'якими каштановими кучерями.

ні, він не втопився, поблизу ж не було глибокої ріки,
хіба що час, який мляво тече, підмиваючи береги

його мати, забувшись, часто виходила на поріг
кликати його із веселих хлоп'ячих забав,
з яких так важко вчасно повернутися додому, —
і він не повертався

навіть уночі
навіть узимку
навіть коли ти зовсім виросла і помітила раптом,
що твій син називається так само...

• • •

the bareheaded neighbor boy from your childhood
never did grow up
despite time that carries us farther and farther from those shores

his head, buzz cut for summer with pre-war clippers,
was never again covered in soft, chestnut curls

no, he didn't drown, there was no deep river nearby,
only time, flowing sluggishly, washing away the shores

his mother, often forgetting, went to the doorway
to call him from the happy boyhood games
so hard to get home from on time—
he didn't return

even at night
even in winter
even when you're an adult woman and suddenly realize
that you've given your son the same name

до Сильвії Плат

о, Сильвіє, наставив на мене сильце
на ситцевих полях у дрібненьку кратку

так, наставив на мене сильце,
на лляних полях з рубчиком

хоче мене впіймати
окільцювати, о Сильвіє, хоче
на бавовняних полях, м'яких як забуття,

позначити мене, внести мене у якийсь реєстр,
як відмираючий вид, Сильвіє

прив'язати мене за двійко-трійко дітей, як за ногу,
щоб я не могла ніколи покинути його, а тільки:

— мнути ці поля у кратку,

— зрошувати потом ці поля з рубчиком,

— знесилюватись і сивіти
на цих бавовняних полях, м'яких як забуття

о Сильвіє, чому жінка мусить платити за свободу
дорожче, ніж Америка?

to Sylvia Plath

o, Sylvia, he entrapped me
in the calico fields of small squares

yes, he ensnared me
in hemmed flaxen fields

he wants to catch me,
to encircle me, o, Sylvia, he wants
to mark me in the soft oblivion

of cotton fields, to enter me in some roster
as an endangered breed, Sylvia,

tie me down by the ankle with two or three kids
so I can't ever leave him, only:

crumple these checkered fields

irrigate these ribbed fields with my sweat

grow weak and gray in cotton fields

o Sylvia, why must a woman pay more for her freedom
than America?

неповна парадигма

з чим тільки люди не плутають любов!
з ким тільки не розплутують!
кого тільки не вдають!
чого тільки не прощають!
на кому тільки не ставлять хрест,
а на чому – крапку!
бо хто я йому? бо що мені без нього?..

часом так складно вжити кличний відмінок,
що простіше його взагалі не визнавати...

incomplete paradigm

with what don't people confuse love
with whom don't they get entangled
who don't they pretend to be
what don't they forgive
whom don't they cross out
what not to put an end to
who am I to him   without him

sometimes it's so hard to use the vocative case
that it's easier not to recognize it at all

. . .

прищепки горобців на мотузку
ніхто не хоче чистити луску,
давай без риби

неділя, ранок, сонця мастехін
кладе неекономно світло й тінь,
лиши, не змішуй

між праведним і грішним — філігрань
тонкої павутини, пил, герань,
вікно нарозстіж

впустити духу музики, ввійти
в складне піке святої простоти
сухе налити

завжди було тривожно, що якось
ти підійдеш заблизько і когось
із нас не стане

сто кінських сил пустилося учвал,
так як ніхто ніколи не кохав —
в очах зелено

стою, до шиби холоджу чоло
а може, тут нікого й не було,
побіля мене?

• • •

the clothespins of sparrows
on the line—
no one wants to clean the scales,
we'll do without fish

sunday morning's palette knife
slathers light and shadow—
leave it, don't mix them

between the just and the sinful, a spiderweb
of delicate filigree—dust, geranium,
a window wide open

let the spirit of music enter
the complex nosedive of holy simplicity
pour the dry wine

it was always alarming
that one of us'd get too close
and the other'd disappear

one hundred horsepower released
as if no one had ever loved—
green in their eyes

I stand, cooling my forehead
against the window pane—
maybe there was no one here
next to me

син

напередодні стояла жахлива спека
він народжувався повільно і неохоче,
ніби ще сумнівався – варто? не варто?

я боялася, що його заберуть мити і загублять,
переплутають з іншими новонародженими
і ми все життя шукатимемо одне одного,
як близнята у слізливому індійському фільмі

я дивилася на нього довго, щоб усе запам'ятати –
вигин губ, міжбрівна складка, носик, гримаска
я впізнала би його за запахом серед безлічі інших
так, як кішки впізнають своїх, чи кролиці, чи інші тварини

він пахнув зеленим волоським горіхом,
молодим, гіркуватим
(коли він робить боляче мені,
я щоразу згадую собі цей запах)

був такий беззахисний, теплий, незрозумілий,
відокремлений якогось доброго дива від мене,
самостійний, зі своїми бажаннями,
з характером, з бородою, дорослий

цьогоріч горіхи поржавіли швидше, ніж завше
і дедалі менших дітей ведуть до школи
дедалі молодші батьки, дедалі раніше
напевно, на підготовку

в житті стільки подій, до яких як не готуйся,
а все стається як і коли захоче –
зачаття, народження, смерть

son

the day before a terrible heat wave hit
he was born slowly and unwillingly
as if he still had doubts—worth it or not

I was afraid they'd take and wash and lose him
mix him up with the other newborns
and we'd be looking for each other our entire lives
like twins in a lachrymose Bollywood movie

I looked at him for a long time to remember everything
curve of lips, fold between brows, nose, grimace
I'd recognize his scent among hundreds of others
just like cats know their own, or bunnies, or other animals

he smelled like green walnuts
young, bitter
(when he hurts me now
I always remember this smell)

he was so helpless, warm, incomprehensible,
separated from me by some good miracle,
independent, with his own desires,
with a character, a beard, grown up

this year the walnuts have lost their leaves sooner than usual
and increasingly smaller kids are taken to school
by younger parents, earlier and earlier,
probably for training

no matter how you prepare, it's when and how they want it:
conception, birth, death

все, що людина може протиставити цьому —
це хіба що посадити собі горіха

all that people can do to resist this
is plant a walnut tree

• • •

у сні, який заплутує сліди, зимовий заєць
тривожний звук висить в повітрі як
собачий гавкіт

так двері із будинку відчиняєш на висоті,
немов із літака...хапаєш ротом холод

летіти вниз – це падати? чи можна
обставини змінити, переграти? життя прожити –
поле перейти засніжене... жене мене все далі
непевність сну, якийсь розмитий здогад:
то хто із нас тоді не повернувсь?
із виїзду у сіру-сіру зону

на клунках діти, їх матері тримають
за імена тривожні і гортанні, як за рукав

та хтось щоразу губиться і рветься
жіночий крик і котиться луною

я бачила обличчя – що від снігу біліші...паперові,
мов мішені на стрільбищі...

на відстані, безпечній наче лезо, що тне мене і тне
розсипалися полем діти, діти
біжать, у кожному – маленький заєць страху
і серця барабанний дріб

в снігах буває, як сховаєшся, то тепло,
усе залежить від товщини нанесеного зверху

• • •

in a dream that muddles tracks, a winter hare,
the alarming sound hangs in the air like
a dog's bark

and you open the door of the building high up,
as if from an airplane   your mouth gulps at the cold—

is flying down falling   can you
change the circumstances, start the game over   live a life
cross the snowy field   it drives me further
the uncertainty of the dream, some supposition:
who of us did not return
from the departure into the gray-gray zone

children in bindles, their mothers hold them
by their names anxious and guttural, as if by the sleeve

and someone is always getting lost and
a woman's cry pierces and rolls with an echo

I saw faces, whiter than snow   papery
like targets at the shooting range

at a distance, safe like a blade that cuts me and cuts
children scattered in the field children
run, each one has a small hare of fear
and the drum roll of its heart

sometimes when you hide in snow it's warm
it depends how thick the layer above is

цей сон як сніг...його очима дивишся донизу
на маківки голів їжакуваті. на хаотичні заячі сліди
на білому. на плутані розмови,
на випадкові очі випадкові прозріння,
мов спалахи вогню...

ніхто із нас тоді не повернувся, із того сну

this dream is like snow   you look down at it with your eyes
at the spiky hedgehog poppy heads, at the chaotic hare tracks
on white, at the tangled conversations,
at the accidental eyes random epiphanies
like flashes of fire

none of us returned from that dream

. . .

споглядання зими із вікна у дитячій, яка
спорожніла і тиха, як келія перероставання
понад себе, змамілу, змалілу і сентиментальну
від речей, що вихоплює погляд і гладить рука

ця дорога на вихід з провулку, ліхтар, снігопад,
де чекання угадує в кожному стрічному схожість,
але голосом раціо злудну надію триножить:
не вигадуй собі, не надзвонюй завжди невпопад

відпускання – це, певно, найважча з дорослих наук
наче тягнеш услід за собою санчата дитячі
захлинаєшся сміхом терпким, лоскітливими, неначе
щось тобі вже тоді вирива поворозки із рук

• • •

observing winter from the nursery window
emptied and silent, smothered, shrunk,
like a cell that's outgrown herself—
too mommy, too small, too
sentimental over things the eye catches
and the hand caresses

this road to the alley's exit, this lantern, snowfall,
waiting makes you see them
in every passerby
but the voice of reason fetters false hope:
don't guess, don't call unexpectedly at inconvenient times

letting go is the hardest of adult lessons
like pulling a child's sled behind you
choking on acrid, ticklish laughter
when something was already pulling
the rope from your hands

метатекст

на якійсь зі сторінок ми зрозуміли,
що читаємо цю книжку з кінця,
що оте перестрибування вперед
чимось схоже на егоїстичну цікавість мерця –
дізнатися, хто принесе на похорон
найвишуканіший вінок
і якими словами буде написано некролог

ніхто ж не перевірить достовірності спогадів,
ніякий редактор не виправить розчарувань,
і всі ті, що впіймалися в сіті
взаємних хибних знань і зізнань,
кого світ ловив на слові, а тримав на хлібі й воді –
кожен із нас шукав під деревом життя
зовсім різних плодів

ми найгірші з коханців, які не дійшли
навіть до рівня прижиттєвих прилюдних присвят,
вся наша любов складалася із топосів і цитат,
навіть у наших любовних трикутниках
кожен – не катет, не кут, а кат,
гіпотетично відкритий/відкрита до наступних зрад

у цьому першому чи останньому розділі –
одні розділові знаки й сполучні слова
риторичні звертання до серця,
коли не справляється голова
характери персонажів неправдоподібно прості
риба сенсу гниє з голови, а історія плететься в хвості,
словом, книжка назагал безнадійна, автор помер...

автор Гомер? – перепитуєш. – Сімпсон?
чи був ще якийсь Гомер?..

metatext

on one of the pages we realized
that we were reading the book backwards
that this leap forward
was similar to a dead man's selfish curiosity
to find out who would bring the most expensive
wreath to the funeral
and what the obituary would say

no one would even check the accuracy of the stories
no editor would correct the disappointments,
and everyone who got snared in the net
of mutual false knowledge and confessions,
whom the world caught on a word and kept on bread and water
each of us was looking beneath the tree of life
for completely different fruits

we're the worst of the lovers who never reached
the level of public vows made while alive,
all our love consisted of topoi and citations,
even in our love triangles
no one was either a leg, or a right angle, but the executioner
hypothetically open to the next betrayals

in this first or last chapter
only punctuation and auxiliary verbs
are rhetorical appeals to the heart,
when the head fails to cope
the characters are improbably simple
the fish of meaning rots from its head, but history is braided
    from the tail,
in a word, the book is basically hopeless, the author is dead

лемківське

як би я не вірила в слова...
як би ти не сумнівався в них...
відстань поміж нами зажива
наче рана, наближання близна
стягує потворно краєвид —
край, в якому в жодному з повторів
нас не буде більше, тільки гори
зі знайомим голосом проваль,
зі стрімкими піками екстремів,
із хрестом церковці між грудей

якби я не думала, що кремінь...
якби ти не сходив до людей...
як би ми жили у тій зимарці!
в арці лісу, в решеті небес
де серця нам бились, як пугарці
доки не побились нанівець
де любов затягуєш як ноту
зависоку, над життя своє,
і сторчма́ зриваєшся в синкопу —
духу не стає

Lemko

if only I didn't believe in words
if only you didn't doubt them
the distance between us heals
like a wound, two sides of the scar
creep closer together
pull together the landscape—
a land in which we'll no longer live
not in any of its iterations, only mountains
with their familiar voice of chasms and peaks,
with the church cross between their breasts

if only I hadn't thought you were flint
if only you didn't have to come down to people
how we would live in that winter den!
in the forest's arc, in the sieve of the sky
where our hearts were breaking like clay mugs
until they no longer fought for anything
where love lingers, a note
too high above life,
and you fall into a rhythm
the spirit refuses

• • •

у маленькому провінційному китайському містечку мільйонів
      так на 2–4,
де ніхто із продавців не може зрозуміти, чого мені треба,
                            навіть за допомогою мови жестів,
відчуваю себе линвою, причепленою тільки з одного боку,
самотньою рівно настільки,
            наскільки мені завжди хотілося у світі собі подібних,
без надмірного бажання пояснити себе, достукатися

я не хочу розуміти всіх і бути зрозумілою,
                  мені достатньо бути собою і дивитися,
як цей ранок набирає обертів, розкручуючись у повітрі
як місцеві м'ясники розрубують туші худоби прямо в проході
      між будинками,
як продавець із магазину навпроти обсмалює свинячу рaтицю,
як місцеві домогосподині жваво обговорюють щось над
      грибами шиїтаке,
розкладеними на рядннині прямо на тротуарі,
                  (напевно, мене обговорюють, раз-по-раз
                        позиркуючи)
як добре, що я не розумію

часом людині треба нічого не розуміти, починати все
      від початку,
від найзагальніших понять, зі спільного кореня, із власного тіла
я говорю тільки мовою дітей, які обступають мене на перехресті
несміливо торкаються, відбігають, показують, у якому
      напрямку мій готель,
питають, як мені тут, хто я і звідки, розповідають,
      як їм тут живеться,

як я їх розумію

мова дітей скрізь однакова – весела, дзвінка,
із відкритим від цікавості ротом
із допитливим вказівним пальцем

94

• • •

in a small provincial Chinese town of only 2 - 4 million
where shopkeepers can't understand what I need—
                              even with hand gestures
I feel like a rope knotted at one end,
as alone as I
            always wanted to be surrounded by people like me,
with no excess desire to explain myself,

to understand everyone or to be understood,
                              it's enough to be myself and to watch
how morning gains momentum, untwisting in the air
how local butchers saw carcasses in building passageways,
how the shop assistant across the way singes pig trotters,
how local housewives join in lively conversation over the shiitakes
spread out in a row directly on the sidewalk,
                        (they're probably talking about me,
                              glancing over again and again)
I'm glad I don't understand them

sometimes we need not to understand, to start over from
     the beginning,
from the most general concepts, from common roots,
     from one's own body
I can only speak the language of the children who
     at the intersection have surrounded me
cautiously touching, running away, showing me the direction
     of my hotel,
asking how I like it, who I am, where I'm from, how they live here

oh how I understand them

the language of children is the same everywhere
cheerful, ringing, mouths hanging wide open,
an inquisitive finger pointing

вікно можливостей

що ж це за світ такий,
де кожен може видавати себе за когось іншого,
називатися чужим іменем,
вести інстаграм «щасливої людини»,
«успішної жінки», яка все встигає
або ніколи не повертається з екзотичних країн,
не ходить до праці, не робить нічого важкого,
нічого важливого, крім себе самої

що ж це за світ такий,
де нас вчить жити кожен, кому вдалося сьогодні
вийти сухим із води, опинитися в потрібному місці
обігнати тебе на повороті, доки ти поступалася місцем,
давала дорогу слабшому,
– і хто з нас тепер слабак? – підморгує хитро

що ж це за світ такий,
де ніхто ніколи не знає, що з ним трапиться завтра,
де ніяке знання не дає гарантій, що воно навіщось потрібне,
де кожна потреба така ж тимчасова, як і все решта

у напівпорожньому останньому трамваї
троє підпилих чоловіків під тридцять обговорюють новину,
що в місті відкрилося ще одне «вікно життя»

один каже: бог в поміч малолітням, хоч вони і дури

другий заперечує: всі ми діти господні,
навіть такі придурки, як ти, Вася,

третій хоче вийти на наступній:
пацани, не списуйте все на бога,
одне із них – точно моє, треба вернутися, забрати...

baby hatch

what kind of world is this
where everyone can pretend to be someone else,
assume a different name,
run a "happy person" Instagram,
a "successful woman" who has time for
everything or is never *not* returning from exotic places,
who doesn't go to work or do anything hard
or important except for herself

what world is this
where we're taught how to live by people
who emerge from water dry, show up in the right place,
overtake you at the turn while you're yielding,
offering the right of way to someone weaker
—who's the loser now—they wink slyly

in what world
does no one ever know what'll happen tomorrow
no knowledge guarantees its own necessity,
every need, only temporary

in the half-empty last tram
three drunk men in their twenties discuss the news:
another baby hatch was opened in the city

one says: god helps the young, even if they're stupid

another objects: we're all children of the lord
even idiots like you, Vasia

the third wants to get off at the next stop:
dudes, don't blame everything on god
one of them is definitely mine, I gotta go back and get it

ті не пускають. вирівається, плаче.

коли відчиняються одразу всі двері —
значить це кінцева, виходьте, люди...

і ти виходь, що завтра забудеш про свої п'яні пориви,
і я виходжу, що світ мене не хоче більше ловити,
як я не піддаюся, як я не піддаюся

but he can't, he struggles to get away and cries

when all the doors open
it's the last stop—get off, people

you who will forget your drunken cries—get off
I, whom the world can't catch—get off
no matter how I give way

зневіра звіра

раніше чи пізніше
це станеться з кожним

який сенс говорити про життя,
якщо не бачиш усієї картини,
що там до і як там опісля

іноді думаю: якби людина знала,
якою смішною і голослівною вона є
перед лицем того всього,
чого навіть уявити не може,
то вона б помирала відразу
в момент усвідомлення

– май витримку, – каже мені Бог, –
дочекайся своєї черги,
бачиш, я не встигаю приймати

та й взагалі – із твоєю любов'ю до життя
краще було не народжуватися...

despair

sooner or later
it happens to everyone

what's the point in talking about life
if you can't see the whole picture,
what comes before and what comes after

sometimes I think: if people knew
how funny and unfounded they were
before the face of everything
that can't even be imagined,
at the moment of awareness,
they'd immediately die

"be patient," God says to me,
"wait your turn,"
you see, I don't have the time to

anyway, with your love for life
it'd have been better not to be born

III

як далеко людина може зайти іншим шляхом?

«люди у нас хороші (коли захочуть)...»

III

how far can someone go down a different road?

"people are good when they want to be"

• • •

відчуття втрати наздоганяє тебе на безлюдній нічній дорозі
як незнайомий пес, підозріло схожий до того,
що був у твоєму дитинстві
придивляється до тебе, ніби хоче впізнати, принюхується

не підпускати до себе великого чорного пса,
як вчила покійна бабуся
не повертатися до нього спиною,
не показувати йому свого страху,
не розмахувати різко руками

це не я, це мій страх дивиться на пса перелякано, бабусю
це не я, це мій досвід втрати очікує найгіршого,
знає, що смерть існує для тих, що лишились живими

ходи до мене, мій псе, я маю для тебе ще стільки всього
розкажи мені, як тобі живеться,
коли померли всі твої люди

виляє до мене хвостом, лащиться, хапає за руку,
перегризає горло

● ● ●

a sense of loss overtakes you on a deserted night road
like a strange dog, suspiciously like the one
you had as a kid,
it looks at you, as if it wants to recognize you, sniffs

don't let the black dog near you
my late grandmother taught me
don't turn your back on it
show your fear
make sudden movements

it's not me, it's my fear looking anxiously at the dog, grandma
not me, it's my experience of loss expecting the worst,
it knows that death exists for those who remain alive

come here, my dog, I have so much for you
tell me how it's going—living when
all your people have died

wag your tail at me, nuzzle me, take me by the hand
go for my throat

• • •

звикнути, що ніхто нікому нічого
зникнути за хвилину до того, як з'являться люди
тога мого мовчання треться подолом об будень
натовп внизу повзе собі, мов стонога

добрих намірів стежка губиться в хащах
вийняти б з ока скалку, руки з кишені,
руни і руна словес твоїх, оглашенні,
тихо виходять із мене, щоб стати кращими

це як новітня релігія – уникати
прикидатися деревом в парку, забутою кимось паркою,
шурхітливим гравієм, птахом, прудкою школяркою,
безповоротно втраченим унікатом

• • •

get used to no one owing anyone anything
to disappearing a minute before people appear
the toga of silence rubs its hem against everyday life
the crowd beneath crawls like a centipede

the path of good intentions gets lost in the thickets
it'd be nice to cast the mote from my eye, remove hands from pockets
the runes and echo of your words, catechumens,
quietly escape me to become better

it's like the newest religion to avoid—
pretend to be a tree in a forgotten park
crunching gravel, a bird, a nimble schoolgirl,
an irretrievably lost one of a kind

freefall in love

з тобою завжди хочеться більше,
ніж дозволяє тіло

сідаючи, сонце видовжує наші тіні,
накладає їх одна на одну
змішує в одне ціле, і годі вже зрозуміти,
де закінчується моє,
а де починається те, що є тобою

допускаючи ближче, ніж можна,
допускаю, що світ триватиме вічно

любити — це бути трохи не в собі,
ходити самим краєм себе,
відкраювати себе лезом Оккама,
не боятися падіння

бачиш, любове, я не тримаюся,
я відпускаю руки

у повітрі так багато душ,
що навіть яблуку ніде впасти

freefall in love

with you I always want more
than the body allows

setting, the sun elongates our shadows,
lays them on top of each other
mixes them into one, and there's no telling
where mine ends
or the one that is you begins—

getting closer than thought possible,
I assume the world will last forever

to love is to live a little outside yourself
to walk along the edge of yourself
cut yourself off with Occam's razor
without fear of falling

you see, love, I'm not holding on,
I'm releasing my hands

there are so many souls in the air
that even an apple has nowhere to fall

• • •

мить, зупинися, я вийду
ти прекрасна, але хто просив прекрасну,
хто просив виняткову, хто просив щасливу

мить, зупинися, я вийду, ти чуєш?!
набридло бути мудрою, всіх розуміти,
всім пробачати, люди так не роблять

хоч раз зупинися там, де просять —
тут, у цьому мокрому місці
на цьому глухому відлюдді,
мені не треба далі

далі не буде
далі не буде
далі не буде

• • •

moment, stop, I'll come out
you're beautiful, but who asked for beautiful
who asked for exceptional, for happy

moment, stop, I'll come out, you hear
I'm tired of being wise, understanding everyone,
forgiving them all, people don't do that

stop just once where you're asked
here in this wet spot
in this remote hermitage
I don't need any more

there'll be no more
no more
no more

сумний святий вечір

посадила під дерево сина:
будуй, сину, дім, поки малий,
поки ще не наламав дров

ось воно — наше родинне вогнище
я так втомилася підкидати у нього хмиз

ось воно — наше мовчання-золото,
бери, скільки хочеш, мені для тебе нічого не жаль

я зготувала усе, що вміла —
дванадцять страв хліба й води

ці порожні місця за столом називаються, сину, "рід"
цю колядку не вміє співати ніхто з нас обох,
не починай

в цій молитві немає слів —
просто кожен мовчить про своє

Боже, хочу повернути комусь ребро,
а у всіх — є

a sad holy evening

I sat him under the tree
build a house, son, while you're small
before you've broken the wood

here it is, our family hearth
I'm tired of tossing kindling in

here it is, our golden silence,
take as much as you want—with you I'm not stingy

I prepared everything I could:
twelve dishes bread and water

these empty places at the table, son, are called "family"
neither of us can sing this carol
don't start

this prayer has no words—
everyone keeps quiet about their own

God, I want to give someone their rib back
but everyone has them

спущена петелька

пішла в себе з головою. залізла з ногами.
тягнула все до рота. куштувала. випльовувала
каялася. зрікалася. зріла.

думала собі: поїду звідси першим-ліпшим рейсом.
світ-за-очі. на всі чотири.

якби смерть була творчою резиденцією,
давно б уже подалася.

нічого особистого. просто іноді треба відчути реальність
як обпектися.

завжди в голові кілька сюжетів,
ніколи не зупиняєшся на одному сценарії,
щось комбінуєш.

відчувала, що світ як цілість трохи богові не вдався,
особливо людина.

іноді найкращий вірш — як секс із незнайомцем,
про якого нічого не хочеш пам'ятати.

знала, що ніхто їй не потрібен аж настільки,
щоб можна було дати йому людське ім'я.

лиш так — кілька недбалих штрихів.
нервовий сміх. спущена петелька.

dropped stitch

I climbed into myself headfirst, legs and all
I pulled everything into my mouth   tasted   spat it out
repented   renounced   matured

I thought to myself: I'll take the first train out of here
anywhere at all   in every direction

if death were a writer's residency,
I would have applied long ago

nothing personal   just sometimes you have to feel reality
as getting burned

there are always a few plots in your head,
you never settle on a single script,
you create something

I felt like god had failed a bit with the world as a whole
especially the mortal

sometimes the best poem—like sex with a stranger—
is about nothing you want to remember

I knew I didn't need anyone enough
to give him a human name

just like this—a few careless strokes
nervous laughter   a dropped stitch

• • •

я відкрила останні двері, за якими ні тебе, ні мене немає
інша жінка ходить по кухні в зачовганих капцях,
    грюкає баняками,
інший чоловік валяється на дивані в спортивних штанях
                       знуджено курить і спльовує на підлогу

інша жінка, зовсім на мене не схожа, як дві краплі –
                та, що з моря і та, що з-під крана
інший чоловік, здутий, як протерте на згинах рятівне коло,
навіщо він тут? згадка про літо?
                а хіба у тих двох могло бути якесь літо?

я відкрила двері, я впустила світло,
              яке б'ється тут як пташка об шибу,
я відкрила двері туди, де нікому нема діла до пташки

інша жінка, груба і плоска, як непоцикльована дошка
інший чоловік – крихкий і безнадійний, як спорохнявіле поліно

навіть побутова сварка не може викресати із них жодної іскри,
                 розпалити пожежі,
тільки попіл у попільничці, попіл на головах, всюди – попіл

я відкрила двері важкі, як віко на гробі, як повіки померлих
я відкрила двері, я не можу їх більше закрити

• • •

I opened the last door, behind which neither of us existed—
another woman shuffles around the kitchen in worn slippers,
    clanging jars
another man lazes on the couch in track pants
                smoking out of boredom and spitting on the floor

the other woman looks nothing like me, like two drops—
                one from the sea and the other from the faucet
the other man, swollen like a lifebuoy, rubbed at the bends,
why's he here   a reminder of summer
                could these two really have had a summer

I opened the door and let in the light
                        that beats like a bird against a pane
I opened the door to where no one cares about the bird

another woman, fat and flat like an unplaned board
another man, fragile and hopeless like a rotten split log

not even a domestic squabble could strike a spark from them
                        ignite a fire
only ashes in the ashtray, ashes on their heads, everywhere ashes

I opened the heavy door like the lid of a coffin, like the eyelids
    of the dead
I opened the door, I can no longer close it

чорна діра

любов залишає у серці жінки діру, розміром з чоловіка

спершу мріяти, потім міряти, применшувати, перебільшувати,
недоговорювати, триматися подалі від краю

Боже, не слухай жінку закохану, жінку розчаровану,
жінку покинуту, – жодної з них не слухай,
вони самі не розуміють, чого просять

любов залишає у серці жінки діру, розміром з іншу жінку,
зяючу порожнечу, лакуну, якої нічим не закласти,
антиматерію, вибухову хвилю, молитву про помсту,
Боже, не проходь мимо.

любов залишає у серці жінки діру, розміром з Бога

black hole

love leaves a hole in a woman's heart the size of a man

dream first, then measure, minimize, exaggerate,
understate, stay far from the edge

God, don't listen to the woman in love, the disappointed woman,
the abandoned woman—don't listen to any of them,
they themselves don't understand what they're asking

love leaves a hole in the woman's heart the size of another woman
a gaping void, a lacuna that cannot be sealed,
antimatter, a blast wave, a prayer for revenge,
God, don't walk on

love leaves a hole in the woman's heart the size of God

• • •

більше не можу сприймати реальність серйозно –
здається, що все це не насправді
хтось бавиться нами, причому дуже недбало,
не дотримуючись правил,
не зважаючи на закони фізики і здорового глузду,
перебираючи міру, махлюючи,
виймаючи кулі із лузи, коли всі ми втрачаємо пильність

сприймати усе це серйозно – як пошитися в дурні,
як прийти на уродини до того, кого вчора поховали,
як винайняти квартиру за адресою, якої ніколи не існувало,
якась діра на карті, ніхто тут ніколи не мешкав...
як грати внутрішню музику на уявних інструментах,
як грати за команду лузерів, ніколи не забивати

таке зелене сукно, сука, такі киї намащені,
а ми всі за бортом реальності, всі як один за бортами

над ранок, в незрозумілому місці всесвіту,
в чиїйсь болючій голові, в якійсь нездоровій уяві

• • •

I can no longer take reality seriously—
it seems like none of it is real
someone's playing with us, and clumsily at that,
not following the rules,
ignoring the laws of physics and common sense,
overdoing it, cheating,
taking the ball out of the pocket when we're not looking—

to accept all this seriously is to let the wool be pulled over your eyes
like going to a birthday party for someone who was buried
        the day before,
like renting an apartment at an address that has never existed,
a hole on the map, no one has ever lived here
like playing inner music on imaginary instruments
like playing on a losing team and never scoring

such green felt, damn, such chalked cues,
and we've all gone beyond the rails of reality, every last one of us

come morning, in an incomprehensible place of the universe
in someone's aching head, in some sick imagination

lost in living

я стала мудрою як сова
мене тепер уникають слова
мабуть, бояться

і той письмовий, що у кутку,
в якого верхній рот на замку,
де ключ від нього?

а часом випаде щось таке
із голови ні важке, ні легке
немов дорога

і ніби знаєш, що якось так
іти до неї, вітряк-маяк,
а там – нічого

і ані зачіпки, ні гачка,
як називається, хто така
хоч понадписуй

подай, будь ласка, писати чим,
і той, в клітинку, що там під тим,
або – не треба...

lost in living

I grew as wise as an owl
words now avoid me
perhaps, they're afraid

and that writing desk in the corner
whose upper mouth is locked
where's the key?

but sometimes something falls out
of your head neither heavy, nor light
like a road

and you think you'll move
towards her, windmill-lighthouse,
but there's nothing there

no clue, no hook—
what's she called, who is she,
however you name her

please give me something to write with
and that lined thing underneath it,
or maybe not

• • •

до таких розмов завжди ідуть довго,
                     поряд чи одне за одним,
дивлячись під ноги чи зосередившись на узбіччях,
пересипають банальні фрази склярусом сміху,
бісиками з очей, що не даються впіймати,
бісером поту, що проступає на скронях

до таких розмов завжди не вистачає вступу,
відповідних слів, які б не маскували і не відволікали
важко вибрати тональність, налаштуватись на потрібну ноту,
щоб не забракло дихання, духу, дороги

до таких розмов пасує абсолютна тиша,
така лунка, як кімната внутрішнього голосу,
                          і така порожня,
де якогось дня починаєш захлинатися словами

несказаними, завислими на язику, заблукалими в роті,
зісохлими, шорсткими, яких вже нема кому говорити
і нема кому відповідати

до таких розмов завжди доходить запізно

• • •

such conversations always take a while to get around to
                                    whether altogether or one by one
looking down at your feet or focusing on the sidelines
you sprinkle banal phrases with beads of laughter
fugitive demons fleeing your eyes
sweat appearing on your temples

such conversations always lack introduction
appropriate words that neither mask nor distract
it's hard to strike the right tone, tune in to the right note
so you don't run out of breath, spirit, or road

absolute silence suits these conversations best
as resonant as the room of your inner voice
                                    and equally empty
where one day you begin to choke on words

unsaid, hanging on the tip of your tongue, lost in your mouth,
dried out, rough, with no one to talk to
and no one to answer

to such conversations we always arrive too late

* * *

от ми з тобою і стали тими, що приносять погані новини
в місця, де до того було порівняно добре, цілком стерпно

тими, що хочуть витиснути сльозу із кожного каменя
    на роздоріжжі –
бо куди не піди, усе втратиш

з легкої руки яких слово смерть девальвує і вимагає щораз
    більшої плати,
щоб купити увагу світу, не кажучи вже про зброю

тими, що не тренувались, але пустилися бігти таку далеку
    дорогу,
на що ми сподівались, перепитують строго

непереконливі, захекані, розчервонілі
жінки із ранньою сивиною, з гіркою складкою біля уст,
з тілами, огрублими від горя

списки наших загиблих задовгі для згадування в щоденній
    молитві,
рани наших вцілілих заглибокі, щоб вкладати в них пальці
    недовіри

біжи, сестро, неси свою гірку звістку попри святкові вітрини,
                    відбивайся у кожній,
відбивайся від кожної спокуси зійти з траси, стріляти на голос

біжи, сестро, колись цей біг назвуть марафонським

• • •

so you and I have become bearers of bad news
to places that previously were relatively good, wholly tolerable

people who want to squeeze a tear out of every rock along the road
no matter where you go, you lose everything

from whose light hand the word death devalues and demands
      an ever-greater fee
to buy the world's attention, let alone weapons

people who didn't train, but set out to run such a long way,
what were we hoping for, they ask sternly

unpersuasive, stuttering, flushed
women prematurely gray, with a bitter crease near their mouths
with bodies fattened by grief

the lists of our dead are too many to be named in our daily prayers,
the wounds of our living too deep to poke with fingers of misbelief

run, sister, carry your bitter news past the festive holiday windows,
                                          reflect in each one,
resist going off the track, shoot at temptation's voice

run, sister, someday they'll call this a marathon

бути інакшим

1.

найгірше у його житті
починається зі слів
«нам треба серйозно поговорити»

так, ніби поговорити — це вийти
на незнайомій зупинці,
стояти і роззиратися довкола,
не знати, як повернутися додому

«не звикай до мене, я смертна» —
каже і відвертається
руки її складені на животі,
щоб стримати одна одну від руху —
не гладити по голові, не обіймати

очі її колючі, як два їжаки,
випадково вихоплені із темряви
тонким лезом ліхтарика
«не звикай до мене, сину,
я не буду тут завжди»

картата скатертина рятує,
можна водити очима
з одної клітинки — в іншу,
вздовж одної лінії, прямої,
зрозумілої, яка починається ось тут
і ось там закінчується, біля її грудей,
висохлих, запалих, незнайомих

being different

1.

the worst thing in his life
begins with the words
"we need to have a serious talk"

sure, as if to talk is to get off
at an unknown stop
stand and look around
not knowing how to return home

"don't get used to me; I'm fatal"
she says and turns away
her hands folded on her belly
to prevent each other from moving,
from stroking his head, from embracing

her eyes are barbed like two hedgehogs
accidentally caught in the darkness
by the thin blade of a flashlight
"don't get used to me, son,
I won't always be here"

the checkered tablecloth her salvation
she can move her eyes
from one square to another
along a single line, straight,
understood, that starts here
and ends over there near her breasts
dried up, fragrant, unfamiliar

хто ти, мамо, я вперше тебе бачу,
я тебе зовсім не знаю,
не збагну, як я народився із тебе,
навіщо я народився із тебе

я не хотів, вибач, я не хотів,
я не хотів, я більше не буду...

who are you, mom, I'm seeing you for the first time,
I don't know you at all,
can't understand how I was born of you,
why I was born of you,

I didn't mean to, sorry, I didn't,
I didn't mean to, I won't anymore

2.

люди у нас хороші (коли захочуть)
можна собі заховатися в божому домі
розпізнавати у плямах на стінах (як в тесті Роршаха)
хто ми сьогодні, питав тебе лікар,
час, кажуть, лікує. не всім помагає.
мами – немає. тата – немає.

як далеко людина може зайти іншим шляхом?
периферія свідомості, є хтось удома, запитую?
в мене – нікого

я сам удома, я сам собі дім, я ношу все своє зі собою –
валізу на коліщатах, батьків наручний годинник,
мамин натільний хрестик, пренатальний досвід,
історичні травми, генетичні збої...

люди у нас хороші, а бути інакшим – погано
бути інакшим навіть гірше, ніж бути поганим
«будьмо як діти» – каже священник на службі Божій

і від того одного, що завжди радісно відповідає «будьмо»,
усі відступаються, часом виводять,
іноді розпинають...

2.

people are good when they want to be
you can hide in the house of god
and name the Rorschach test on the walls
who are we today, the doctor asked you
time, they say, heals, but it doesn't help everyone
mom is gone, dad too

how far can someone go down a different road?
periphery of consciousness, is anyone home? I ask
not here

I'm at home by myself, I am my own home, I carry all I have
      with me—
a suitcase on wheels, my father's wristwatch,
mother's cross necklace, prenatal experience,
historical traumas, genetic disorders

our people are good, but being different is bad
it's even worse than being bad
"let's be like children," the priest says at mass

and from the one man who always happily responds "amen,"
everyone retreats, sometimes kicks him out,
occasionally crucifies

• • •

Боже забутих слів у палких молитва́х
Боже розіп'ятих на усіх трьох хрестах,
Боже не надто праведних і не надто ревних

Боже жінок-мироносиць, які всімох
тіло йшли вшанувати, хай він і не Бог,
тіло людське закатоване, тіло бренне

Боже зневіри й скорботи гірких полинів,
знову відкотиш камінь з людських умів?
знову покажеш їм вихід в твою свободу?

троє явились Марії із Маґдали:
ангели два і якийсь чоловік з імли
вийшов до неї, торкнутися не дозволив

я вже в дорозі, я вже не тут, Маріам,
тіло знищенне, та дух мій ширяє там,
де ані терня болю, ні вістря цвяха

свідчи, Маріє, іншим, що кожному з нас
навіть найгіршому, Бог залишає шанс
з тіла страждання вийти на світло незгасне

• • •

God of forgotten words in fervent prayers
God of the crucified on all three crosses,
God of the not very sinful and indifferent

God of the Myrrhbearers at the tomb the seven
who went to honor the body, even if he's not God,
the tortured human body, earthly body

God of despair and sorrow of bitter wormwoods,
will you again roll away the stone from human understanding
will you again show them the way out to your freedom

a trio appeared to Mary of Magdala:
two angels and a man emerging from the fog
went over to her, not allowing her to touch him

I'm on my way, I'm no longer here, Magdalena,
my body's ruined, and my spirit hovers
where there's neither thorn of pain nor spike of nail,

testify Mary, to others that for each of us,
even the worst, God leaves a chance
to exit the body of suffering into the inextinguishable light

IV

вілли, пóсестро, спорожніли.

IV

the villas, sister, are all empty—

• • •

вілли, по́сестро, спорожніли. на весняному промені,
     як на рожні,
не обертаємось проти поглядів чоловічих, нескромних, спраг-
лих у столітті двадцятому з усіма нами сталося стільки, що ні-
кому із нас не вдалося лишитися при своїх
дитячих ілюзіях, мріях дівочих, рожевих снах

вілли, по́сестро, розграбовані через одну,
матері наші добрі дарма нас не вчили переживати війну,
окупацію, депортацію, голодомор, ГУЛАГ
вчили хіба що закривати очі, коли закривавлений шлях
лишає тіло чиєсь розпростерте, розчахнуте, тіло твоє-моє,
перед лицем наруги, чоловіче, Господи, ти тут є?

вілли, по́сестро, відбудуються, все забудеться, хай не зразу,
     колись,
сини наші стануть дорослими, довірятимуть силі більше,
     ніж нам
доньки наші, граційні, як лані, пружні, як кевларове полотно,
міцніші за сталь, хай не будуть такими, щоб прикладати
     до ран,
хай навіть не будуть нам вдячні, недобрим своїм матерям

• • •

the villas, sister, are all empty—on a spring ray, like on a spit
we don't turn against men's gazes indiscreet, thirsty
there've been so many disasters in the twentieth century
        with all of us that
none of us has managed to retain her
childish illusions, girlish dreams, pink slumbers

the villas, sister, are looted, every other one
shame our kind mothers didn't teach us how to survive a war,
occupation, deportation, Holodomor, GULAG
taught us instead to close our eyes when the path is bloodied
leave someone's body spread out, stretched out, your-my body
before the face of abuse, o man, Lord, are you here?

the villas, sister, are being rebuilt, everything will be forgotten,
        albeit not at once, someday
our sons will grow up, they will trust strength more than us
our daughters, graceful as deer, resilient as Kevlar,
stronger than steel, let them not be applied to wounds,
let them not even be grateful to us, to their wicked mothers

• • •

все частіше буваю у товаристві мертвих:
читаю книжки мертвих, дивлюся фільми мертвих,
ходжу між будинками мертвих архітекторів
вулицями, названими іменами мертвих

з мертвими — надійно, їм нічого не заважає
бути поряд, ділитися пережитим, западати в душу,
зачіпати нас за живе

мертві, можна сказати, живуть нами,
відчувають нами, дограють свої партії,
доводять свої теореми кимось із нас,
доносять недочитане і не зрозуміле
при житті

мертвим нема діла до того,
що комусь із нас бракує часу,
а комусь — терпіння.
мертвим вже нема що втрачати.

в оточенні мертвих людина сміліє,
звикає до думки, що смерть — це так просто,
як перейти на інший бік вулиці
в неналежному місці, в належному місці
на чуже світло, на своє світло
на власну відповідальність

заради такого приємного товариства

• • •

more and more I find myself in the company of the dead:
I read books by the dead, watch their films,
I walk among the buildings of dead architects
along streets named for dead people

the dead are reliable   nothing prevents them
from being nearby, sharing their experience,
getting burned into one's soul,
alarming us

the dead, you could say, live through us,
feel through us, play out their games,
prove their theories through us,
convey what was not read and not understood
during life

the dead don't care
who of us hasn't enough time,
or who hasn't enough patience
the dead have nothing to lose

one surrounded by the dead is braver,
gets used to the idea that death is as simple
as crossing to the other side of the street
in the wrong place, in the right place
toward someone else's light, your own light
at your own risk

for the sake of such gratifying company

• • •

це вона тримає дистанцію,
так як тримають зло на життя,
як гімнастки тримають спинку,
як військові — плече

цьогорічний травень такий вологий,
що навіть зелень не росте, а тече
омніа флюунт ет мутантур,
хвилею криє ще і ще

це вона збирає пляшки на районі,
витрушує недопалки на пісок,
мама її анархія, а на хера? на хера?
всі місця у житті зайняті,
їй би вийти із тіні висотки
на сонце, та стільки склотари
розкидано попід лавками у дворах

терпко заносить димом — на балконі хтось
затягує першу ранкову — не докурюй, кинь
мама її анархія, не за горами осінь,
не кожному випало щастя загнутися молодим

• • •

she keeps her distance
the way others hold a grudge against life
like gymnasts hold their backs
soldiers—their shoulders

this year's May is so wet
that the green doesn't grow, but flows
omnia fluunt et mutantur,
a wave covering more and more

she collects the neighborhood's bottles,
shakes out cigarette butts onto the sand,
anarchy is her mother, but what the hell for?
all the places in her life are overflowing
she needs to come out of the shadow of the high-rise
into the sun, but how many bottles
are still littered under the benches in the yard

the bitter smell of smoke—someone on a balcony
takes a drag off the morning's first cigarette—don't finish it, toss it
anarchy is her mother, fall is not far away,
not everyone is lucky enough to die young

• • •

з міста, якого немає, не доходять новини
все, що нас там тримає, схоже на пуповину

нікому перерізати, боязко перегризти
місто, якого немає, вкривають хмари перисті

сніги випадають глибокі, мов хочуть усе сховати
місто, якого немає, обсідають пернаті —

чорні, лискучі, хижі, ласі падла і плоті
в місті, якого немає, нема що лишати на потім

усе, що було тут — не з нами,
                                                усе, що не з нами — ніколи

усе, що ніколи — коле,
                                        у серці, що б'ється до крови
як хлопчаки після школи,
                                                немилосердно й сердито,
здичавіло від болю

• • •

no news comes from cities that don't exist
all that holds us there, an umbilical cord

no one to cut it, too fearful to gnaw through
cirrus clouds shroud the city that isn't there

snow falls deep to conceal
birds besiege the city that doesn't exist—

black, shiny, predatory, delicious carrion and flesh
in the city that doesn't exist, nothing to leave for later

everything that was here—is not with us
                    everything that's not with us—is never

everything that's never pierces
                    the heart that beats to bleeding
like boys after school
                    merciless and angry,
wild with pain

• • •

носимося зі своїми мертвими як діти
поскладали їх на майдані обступили колом
на морозі, на снігу, розгублені
ніби ніхто з нас досі не знав,
що померти так просто

кожен все ще надіється,
що полежать і встануть

бо що казати їхнім мамам?
що казати їхнім дітям?
хто їм скаже про найгірше?

людина біжить назустріч кулі
із дерев'яним щитом
із гарячим серцем
із головою в лижному шоломі,
повному крові

мамо, я в шапці, –
кричить у мертву трубку

мамо, у нього надто тонка шапка, –
сичить куля

we carry our dead

we carry our dead like children
lay them out in the plaza and encircle them
in the frost   the snow   bewildered
as if none of us yet knew
it was so easy to die

everyone still hopes
they will lie there and then get up

for what should we tell their moms
what to tell their children
who will tell them the worst

a person runs to meet a bullet
with a wooden shield
and a hot heart
and a head in a ski helmet
full of blood

mom, I've got my hat on   he shouts into a dead phone
mom, his hat is too thin   the bullet hisses

день вишиванки

«ми впізнавали своїх тільки по вишиттю», –
розповідала мені сусідська бабця
про розстріляних у сорок шостому

«більше по нічому не можна було
їх розпізнати, суцільна рана.
кожна пам'ятала своє вишиття.»

хай ніколи нікому з нас не доведеться
розпізнавати своїх тільки по вишитті,
подумала я тоді

навіть якщо нас так багато,
подумала я тепер

vyshyvanka day

"we recognized our men by their embroidery,"
the old woman next door told me
about those executed in forty-six

"there was nothing else left to
recognize them by—a continuous wound.
each remembered her embroidery"

may we never have to
identify our own only by their embroidery
I thought then

even if there are so many of us
I think now

важка вода

і коли тобі вже все одно,
            кому були присвячені всі ці вірші,
і коли ти більше не віриш,
            що можна словами спиняти кров
і перетворювати на вино важку воду
і все, на що тобі вистачає внутрішнього світла,
це побачити, що ні дзвінків, ні есемесів, ні подиву
і що тепер робити із рештою життя?
            (автомати тут рідко видають решту,
а особливо коли трапляється купюра м'ята,
            як лице після ночі в дорозі)
п'ята, скоро світанок і тіри на заправці сплять,
            ніби слони, стоячи
а ти зависаєш на думці, що ніколи не бачила,
            як сплять слоненята
і все було б так трагічно, якби не було так поширено
і всеперемагаючим голосом господа
            касирка каже: ваше лате мак'ято
і повертає тебе до життя із твоєї пустелі,
де ти всі сорок років шукала із себе вихід і от він:
            їхати

і твоя рішучість лякає випадкових ранкових підстрелених,
і ти заспокійливо кажеш їм: не бійтеся, я мирна
і після паузи додаєш: мирна, як атом

heavy water

and when you don't care
        to whom all these poems are dedicated
and when you no longer believe
        you can stop blood with words
and turn heavy water into wine
and all that you have enough inner light for
is to see that there no more calls, texts, wonder
what are you now supposed to do with the rest of your life?
        (vending machines here rarely give change,
especially when the bill is crinkled,
        like your face after driving all night)
it's five, daybreak is soon and the semis at the gas station sleep
        standing up like elephants
and you get hung up on the thought that you've never seen
        how elephant calves sleep
and this all would be so tragic if it weren't so widespread
in the all-powerful voice of the lord
        the cashier says, "your macchiato"
and returns you to life from your desert
where you've been searching all these forty years for an exit and
   here it is:

                go
and your decisiveness scares the random morning shooting victims
and you calmly tell them, "don't be afraid, I'm peaceful"
and after a pause you add, "peaceful as an atom"

• • •

відчув у собі силу
не платити данини пам'яті,
говорити про мертвих у майбутньому часі,
добувати корінь зла із реальності у голові

каже: язик мій ярлик мій золота орда слів
нас єднає ланцюг ДНК, як його не рви
схід твій і захід під одним сонцем

все, що у мене є — не моє, не твоє
іншого не було, ти сам собі
і пекло, і рай, і завжди, і ніде.

голослівний, прямоходячий
середньостатистичний
ні живий ні мертвий

лишайник

• • •

I found the strength
not to pay tribute to memory
to speak of the dead in the future tense
dig up the root of evil from the reality in my head

it says: my tongue, my jarlig—golden horde of words
we're connected by DNA, no matter how you dissect it
your rise and set under one sun

all that I have is neither mine nor yours
there was never anything else, you are your own
hell and heaven, and always and nowhere

unfounded, upright
statistically average
neither living nor dead
lichen

• • •

хоче зняти біль поспіхом, як сорочку,
забувши розщіпнути на рукавах
маленькі білі ґудзички, схожі на таблетки

стоїть із вивернутими рукавами,
ні в тих ні в сих, ні туди, ні сюди,
із викрученими болем руками

смикається, врешті вириває їх із м'ясом,
маленькі білі ґудзички, схожі на таблетки

добрі люди радять
носити сорочку без ґудзиків,
без рукавів або з підкоченими

нащо взагалі було вдягати ту сорочку,
із маленькими білими ґудзичками, схожими на таблетки,
якщо вони не знімають болю

деякі вірші як рецепти на ліки,
яких уже не виготовляють

• • •

you want to remove the pain quickly like a shirt
forgetting to unbutton the cuffs
the small white buttons that look like pills

popping out, the sleeves turned inside out
neither here nor there, neither on nor off
with hands contorted in pain

you tug at them, eventually pulling them free from flesh
the small white buttons that look like pills

good people advise
wearing a shirt without buttons
without sleeves or with them rolled up

why'd you have to put that shirt on anyway
with the small white buttons that look like pills
if they don't get rid of pain

some poems are like prescriptions for medicines
that are no longer made

• • •

гадина страху заповзає вночі
крізь вентиляційну шахту

шурхотить ледь чутно,
але нікого не будить

вмощується десь у кутику ока
заважає роздивитися, де ти
заважає роздивитися, хто тут

не дає бачити і розрізняти
не дозволяє підняти очі вище
роззирнутися, окинути поглядом

дому позбавляє гадина така

виходиш і біжиш стрімголов
подалі звідси, не озираючись,
закривши очі на все...

тоді тільки висока трава
може тебе впіймати за ногу
присоромити, загамувати

• • •

the viper of fear crawls in at night
through the ventilation shaft

rustling quietly
but wakes no one

it settles in the corner of your eye
keeps you from seeing where you are
from distinguishing who's here

not letting you raise your eyes higher
to look around, toss a glance

this viper deprives you of a home

you step out, run headlong
as far away as possible, undistracted
closing your eyes to everything

only the tall grass
can catch you by the leg
shame and subdue you

• • •

цей жовтень, замаскований під літо
ці маски, поворозками за вітром,
цей дядько, що несе свою півлітру,
тривожно притуливши до грудей

розхристаних. це шарудіння листя,
ці вихідні, мов вихід по амністії
ці дивні персонажі середмістя,
і ці дерева, схожі на людей

спрацьованих, що стали покурити,
а їх у дулю скручують гастрити,
і не дають сказати головне:

що це тепло ще вилізе нам боком,
так масно, так невчасно, ненароком
розлите тротуаром, мов пальне

що витікає з тріснутого бака,
допоки смерть, як вуличний собака,
гарчить, не наближаючись іще

до нас, що в ризикованім обгоні,
вже, може, й відірвались від погоні,
але не розминулися з дощем

• • •

this october, disguised as summer,
these masks turning in the wind
this old man who carries his half-liter jar
anxiously pressing it to his bare chest,

this rustling of leaves, these weekends
of freedom after amnesty,
these strange downtown characters,
and these trees that look like people,

dog-tired, who've started smoking,
gastritis twisting their guts,
keeping them from uttering the main point:

that this warmth that snuck up on us
so greasy, so untimely, suddenly
spilled on the sidewalk like kerosene

leaking from a cracked tank,
until death, like a street dog,
growls, without coming any closer

to us, in a risky overtaking, who might
have already broken free of his leash,
but can't escape the rain

• • •

інші жінки всі, як одна, постаріли,
а вона – ні. не опливла зайвиною
стоїть і світить мені, доки я наближаюся

казала – не будися, будуть у тебе чорні дні –
ходитимеш старими дорогами,
не знаходячи дверей, щоб увійти всередину

і цей вокзал, із якого тобі не виїхати самому,
в який поїзд не сідай, в якому напрямку не їдь

і любов твоя буде як валіза без ручки,
і носій – ненадійний, не спускай з нього ока

бо не довіряють нікому любові своєї
щоб не втратити, біжи за ним, гукай

чорні вагони днів, запилені, без написів
куди вони? жінка в одному з вікон – куди вона?

доки я пробігаю мимо за своєю любов'ю без ручки
за ненадійним носієм пам'яті, простакуватим,
у якого свій інтерес до життя

а вона, та єдина, що не встигла постаріти,
рушає у невідомому напрямку

тоненька, воскова, як церковна свічка,
ніким не запалена

• • •

without exception, the other women have grown old
but not her   she didn't drip with excess
she stands, illuminates me until I approach her

she tells me—don't wake up   you'll have dark days—
you'll walk the old roads
not finding a door to enter,

and this station you won't be able to leave alone
no matter which train you board, what direction you go,

and your love will be like a handleless suitcase,
and the carrier will be unreliable—don't let them out of your sight—

distrusting with their love
so you don't lose, run after them, shout

the black train cars of days, dusty, unmarked,
with no sign of where they, where she—the woman
in one of the windows—is going

while I run silently past my handleless love,
past the unreliable carrier of memory, naive,
who has specific interests in life,

but she, the only one who hasn't gotten old,
moves in an unknown direction,

slim, made of wax, like a church candle,
no one has lit

• • •

чим ти запам'ятаєшся їм цього пришестя?
які атрибути доведеться застосувати,
щоб заіснувати в їхній уяві? в їхніх писаннях?

якою дорогою виходити на Оливну гору, навіщо?
якщо ніде не уникнути камер. супутники стежать

іди за мною невідступно, підозрілий подорожній
викрикуй чужі імена, якісь незрозумілі інвективи,
не давай мені зупинятися ні на хвилину,
жени мене до людей, бо тільки з іншими ми в безпеці

мала отаро заблуканих, тільки так ми в безпеці,
пильнуючи один за одним, назираючи, дбаєм
про ближнього свого, щоб не пішов власним шляхом,
щоб не зайшов занадто далеко, не спокусився, не збочив

таких не візьмеш голими руками,
навіть рукавицями із людської шкіри,
навіть вирваним із грудей серцем таких не візьмеш,
дешеві ефекти

горловим співом, якнайчорнішим блюзом, зависоким звуком,
частотою, на якій мозок більше не витримує,
випромінюванням, при якому тіло випаровується,
залишаючи темні плями. болем.

все вже було, ніхто не повірить

тікай від мене, дівчинко нажахана, безпритульна, нічия,
ким би я тобі не здавалася — матір'ю, домом,
людською подобою — все це омана

162

• • •

how will they remember your coming this time?
which attributes will have to be applied
to exist in their imagination? in their writings?

which road leads to the Mount of Olives? why bother
if cells can't be avoided anywhere   companions

follow determinedly, suspicious itinerant,
shout others' names, some incomprehensible invectives,
don't let me stop for even a minute
goad me toward people, for we're only safe with others

oh, small flock of the lost, only thus are we safe
guarding one another, watching, we care
about those close to us, so they don't take the wrong path
so they don't get too far away, aren't tempted   don't stray

you can't catch that kind with bare hands
nor even with gloves made of human skin
can't take them even with your heart ripped from your breast,
cheap effects

with throat singing, the blackest blues, a too-high sound,
a frequency the brain can't stand anymore
with radiation that vaporizes the body,
leaving dark stains   with pain

everything's already happened, no one will believe you

run away from me, you terrified girl, shelterless, orphaned
no matter who you think I am—your mother, home,
a human simulacrum—it's all a trick

я не доганяю, стою – і не доганяю, де тут вихід

дай знак, як прийдеш,
дай знати, коли здійму свою руку на тебе,
що це ти, дай знати

I won't catch up   I'm standing—and I won't catch up to the exit

give me a sign when you come
let me know when I lift my hand against you
that it's you, let me know

• • •

«внесіть ясність» – сказав чоловік у почекальні
і я роззирнулася: хто мав би внести ясність
у це похмуре приміщення, складене зі самих глухих дверей
з мерехтливою люмінісцентною трубкою попід стелею,
із обличчями, підсвіченими екранами мобілок,
зі звуками натискання клавіш – довгі і короткі слова,
пересварювання, виправдовування, вигуки, проби́ли

внесіть ясність, як штатив із пробірками, пані лаборантко,
внесіть ясність під полою пальто, а тоді раптом
розпахніть його необережно, дівчино в міні,
внесіть ясність як блискучу іграшку в руках дитини,
старомодну брошку з 80-х на лацкані піджака, пані

ясність – вона як болючі ясна, ясність як безтямні старечі очі,
які недобачають, бо дивляться далі, ніж видно

внесіть її поважно, бо що таке ясність, як не чіткість діагнозу,
як не однозначність, як не конечність,
як не світло в шпарині під глухими дверима,
які зараз відкриються і випустять когось із нас назовні

• • •

"be clear" the man in the waiting room said
and I looked around: who would bring clarity
to this dismal place of dead-end doors
with the flickering fluorescent tubes just below the ceiling
with faces illuminated by cell phone screens
the sounds of typing—long and short words
of bickering, justifications, exclamations, spaces

bring clarity like a rack of test tubes, ms. lab assistant,
under the flap of your trench coat and then suddenly
open it carelessly, girl in a mini skirt,
bring clarity like a shiny toy in the hands of a child,
a vintage brooch from the 80s on a jacket lapel, ma'am

clarity is like aching gums, like dark eyes of an old man
that can't see because they focus too far

bring clarity respectfully, for what is it if not
the sharpness of the diagnosis, certitude, absoluteness,
the light in the crack under the dead-end door
that's being opened right now and admitting one of us inside

● ● ●

дай Боже волосся жінці в третій палаті
            до цих її гострих вилиць і очей бездонних колодязів
доки вона йде попри стіну, від думок її хай відволікають пернаті
жінку у завеликому на два розміри одязі

а бузки на подвір'ї лікарні хай осипаються білим цвітом,
                                    мов світлим сміхом
і найзухваліші бджоли хай норовлять напитись прямо з банки
    з компотом
дай господи їй, уцілілій, більше ніколи не думати,
        що вже ніколи,
і більше ніколи не відкладати життя на потім

їй би тільки вийти із цього відділення, з цього стану, Боже,
вдихати повітря прозоре, аж до лоскоту в грудях
видихати, дивуватися хмарам, рослинам, комахам, людям,
дозволяти сусідській дівчинці гладити їжачок волосся,
                                    що росте так швидко,

що, може, із нього на осінь вже й хвостик буде...

• • •

may God give hair to the woman in the third room
                for her sharp cheekbones and the bottomless wells
     of her eyes
as she walks along the wall, may the feathered ones distract
     from her thoughts
this woman in clothes two sizes too big

and may the lilacs in the hospital yard shed their white flowers
                                        like worldly laughter
and the boldest bees endeavor to drink straight from the jar
     of fruit juice
may the lord let her, healthy, never again think that there is no never
and never again postpone her life for later

if she could only leave this ward, this state, oh, God
to breathe in the transparent air until it tickles her chest
breathe out, marveling at the clouds, plants, insects, people,
let the neighbor girl pet her buzz cut
                                which grows so fast,

maybe by fall she'll have a ponytail

● ● ●

в анамнезі — жовтень, покусані губи, бравурні пости,
різкий поворот до колишнього (трибу життя), перевтома
і тіні лягають під очі все глибші, і товщі пласти
тонального крему на тіні кладеш і вимірюєш в комах
опірність реальності — тій, що котові під хвіст,
де все що зрослося — неправильно, але ж зрослося
де вперто у дзеркалі ліфта висмикуєш сиве волосся
хоч знаєш, що всього не висмикнеш, буде і далі рости
і не зафарбуєш усього в якийсь із яскраво рудих
відтінків останнього теплого заходу (знаєш — таки не останній)
в анамнезі — нерви ні к чорту, невиспаність, вічні хвости,
червоне — для гемоглобіну, а чорне — для штори у спальні,
і серце зациклено, наче цикада в траві,
(в звичайній зеленій, невижухлій, зовсім легальній)
наярює: смикайся, дриґайся, бийся, радій...

в анамнезі: юні хористки, такі тонкостанні,
такі тонкосльозі, аж дивно, що досі живі...

• • •

in the medical case history: it's october; lips, bitten; daring posts,
a sharp turn to your ex way of life, fatigue,
and even deeper under-eye shadows, and you apply
thicker layers of flesh-colored foundation measured in commas,
a resistance to reality—the one that's good for nothing
where everything that grew together is wrong, but at least
    grew together,
where you stubbornly pull a gray hair in the elevator mirror
though you know you can't pull them all—they'll keep coming
and you won't dye them some bright red
shade of the last warmth of sunset (you know it's not really the last)
in the case history: nerves shot, insomnia,
    eternally unfinished business,
red—for hemoglobin; black—for the curtains in the bedroom
and the heart, stuck like a cicada in the grass,
(the regular green kind, not withered, totally legal),
works hard, snaps to, shakes a leg, fights, rejoices

in the medical case history: young choristers, so slender of waist,
so quick to cry, it's a miracle they're still alive

* * *

захриплий голос сусідської радіоточки
будить когось із нас першим

щаслива людина зазвичай виглядає дурнішою,
але це так тільки здається

двоє, що танцюють на кухні, доки вариться кава,
що з нами не так, звідки ця незрозуміла радість?

щоб полюбити цей світ, достатньо кілька разів
ледь не померти, якимось дивом зустрітись
неподалік від виходу,
нікому нічого не винні
ошелешені взаємністю, вдячні

сотворивши чоловіка і жінку із жінки і чоловіка
повторюєш це, Боже, знову і знову,
завиграшки, просто тому, що можеш

все що я хочу розділити з тобою, таке велике,
що й не осягнути відразу, відійдімо подалі

поряд з тобою я все ще, як дитина,
яка загубилася і знайшлася на незнайомому вокзалі,
де ти завжди прокидаєшся в-ві сні, бо не встигаєш сісти
на поїзд,
прямуючи із Богом забутого нізвідки в прекрасне
невідомо куди,
на яке спробуй іще купити квитки, або краще не пробуй

я все ще така мала, хоч уже й не озираюся за своїми
люби мене на виріст,

• • •

the hoarse voice of the neighbor's radio
wakes one of us first

the happy person always looks more foolish
but that's just how it seems

two people dancing in the kitchen until the coffee brews
what's wrong with us, why this confounding joy

to love this world, it's enough to almost die
a few times, by some miracle meet
not far from the exit,
                    owing nothing to no one
stunned by the reciprocity, grateful,

having created a man and woman from a woman and man
you repeat this, God, over and over,
effortlessly, just because you can

everything I want to share with you is so great
that it can't be grasped all at once, let's move away

next to you, I'm still like a child
who got lost and found herself at an unfamiliar train station
where you always wake up in your dream because you're too late
     to catch the train
heading from nowhere with the God of the forgotten
     into the beautiful unknown
that you should try and buy a ticket for or better yet, not try

I'm still a child though I'm not looking for my parents
love me with a love I can grow into

танцюй зі мною як із дорослою, посеред кухні, доки кава
біжить і я наступаю тобі на ноги, збившись із рахунку,
скільки ранків ми танцюємо

і скільки ще попереду

dance with me as if with a woman in the kitchen until the coffee's
brewed and I step on your feet, having lost count of how
many mornings we've danced

and how many more we still will

• • •

дай мені часу до осені, дай мені слів,
щоб описати усе, чого більше – ніде
щоб передати, як меду, цій міді лісів
всю нашу дзвінкість розмови і гул голосів,
всю нашу ніжність, назбирану в сизій росі,
наче бруслину, прогірклу від довгих розлук
дай глибини чи заглибини – пити із рук
воду живу

воду, що не кровоточить, прозору як скло,
після якої усе забувається, що б не було
що витікає із ока небесного – в око земне,
що, наче ягоди в лісі, збирає докупи тебе і мене
по крапелині рудій, недоспілій, терпкій,
в часі займистому, мертвому, як сухостій

• • •

give me until autumn, give me the words
to describe everything that no longer exists
to convey like honey to this copper of forests
all sonority of conversations and hum of voices,
all our tenderness gathered in the dove-gray dew
like a burning bush, bitter from long separations
give depths or a depression to drink from bare hands
living water

water that doesn't bleed, clear as glass,
after which all is forgotten, no matter what it was
flowing from the eye of heaven into the eye of earth
which, like berries in the forest, draws us together
drop by ruddy drop, unripe, acerbic
in the flammable time like a dead snag tree

acknowledgments

I would like to thank Christine Holbert and Grace Mahoney at Lost Horse Press for their many years of commitment to Ukrainian poetry (and translators!); Halyna Kruk for entrusting us to bring her art to a new audience; my neighbors and partner, whose selfless, loving care for little Paporot lets me squeeze in a few lines here and there. My gratitude and love to Dzvinia, for understanding what a poem is, for knowing where to be delicate and where blunt, and for her endless stores of patience! Finally, all my respect and support to Ukrainians, who first welcomed me in and shared their beautiful language and culture fifteen years ago, in their ongoing war for independence.

—Ali Kinsella

My deep gratitude to Christine Holbert and Grace Mahoney at Lost Horse Press for their dedication to bringing Ukrainian poetry to a wider readership and for their editorial consultation and generosity of spirit; to Jeff Friedman, Candice Kelsey, and especially, Jay Hoffman, for their invaluable support and encouragement; to Halyna Kruk, whose evocative poetry has been an honor to translate; and last but not least, ongoing thanks to Ali Kinsella for her keen ear and insights, for bringing me closer to the beauty and expressiveness of the Ukrainian language.

—Dzvinia Orlowsky

Grateful acknowledgment is made to the publications in which some of these poems first appeared, sometimes in different forms or with different titles:

AzonaL: "the apple tree crowds her window," "august," "heavy water," "this october, disguised as summer," "without exception, the other women have grown old"

Consequence: "the bareheaded neighbor boy from your childhood," "son," "the worst thing his life"

Exchanges: Journal of Literary Translation: "'be clear' the man in the waiting room said," "I found the strength," "I'm learning to paint silently," "may God give hair to the woman in the third room," "the self," "so you and I have become bearers of bad news"

Lily Poetry Review: "heartbreak hotel," "metatext"

Mom Egg Review, Mer Vox, Ukrainian Voices: "in a dream that muddles tracks, a winter hare," "to Sylvia Plath," "the villas, sister, are all empty"

periodicities: a journal of poetry and poetics: "black hole," "dropped stitch," "God of forgotten words in fervent prayers," "I opened the last door, behind which

neither of us existed—," "observing winter from the nursery window," "summer is finite; the field, endless," "you want to remove the pain quickly like a shirt"

Plume: "the clothespins of sparrows," "Lemko," "lost in living," "moment, stop, I'll come out," "people are good when they want to be," "a sense of loss over takes you on a deserted night road," "she keeps her distance"

Solstice: A Magazine of Diverse Voices: "give me until autumn," "in the medical case history," "radio bravery"

"In a small provincial Chinese town" earned an Honorable Mention for the 2023 Diana Der Hovanessian Prize, selected by J. Kates, from the New England Poetry Club.

"Son" also appeared in *Oxford Anthology of Translation* 2 (2023) and was selected as a finalist for Deep Vellum's *Best Literary Translation Anthology 2024*.

"To Sylvia Plath" was nominated for the 2023 *Best of the Net Anthology* by *Mom Egg Review*.

"We carry our dead" also appeared in *The Boston Globe* on March 22, 2022 and was reprinted with permission from *The Boston Globe* in *Consequence Forum* in June of that year.

This publication was generously supported by a translation fellowship from the National Endowment for the Arts.

HALYNA KRUK (b. 1974) is an award-winning poet and prose writer, translator, and scholar. She is the author of five books of poetry, *Grown-Up* (2017), *(Co)existence* (2013), *The Face Beyond the Photograph* (2005), *Tracks on the Sand*, and *Journeys in Search of a Home* (both 1997), a collection of short stories, *Anyone but Me* (2021), which won the 2022 Kovaliv Fund Prize, and four children's books, two of which have been translated into fifteen languages. *A Crash Course in Molotov Cocktails*, translated by Amelia Glaser and Yuliya Ilchuk, was published in English (Arrowsmith Press, 2022). Her numerous literary awards include the Sundara Ramaswamy Prize, the 2023 Women in Arts Award, the 2021 BookForum Best Book Award, the Smoloskyp Poetry Award, the Bohdan Ihor Antonych Prize, and the Hranoslov Award. She holds a doctorate in Ukrainian baroque literature. Kruk is a member of Ukrainian PEN; she lives and teaches in Lviv, Ukraine.

ALI KINSELLA holds an MA in Slavic studies from Columbia University and has been translating from Ukrainian for twelve years. She won the 2019 Kovaliv Fund Prize for her translation of Taras Prokhasko's novella, *Anna's Other Days*, forthcoming from Harvard University Press. In 2021, she was awarded a Peterson Literary Fund grant to translate Vasyl Makhno's *Eternal Calendar*. She co-edited *Love in Defiance of Pain: Ukrainian Stories* (Deep Vellum Publishing, 2022), an anthology of short fiction to support Ukrainians during the war. Her other published translations include pieces by Stanislav Aseyev, Lyubko Deresh, Kateryna Kalytko, Myroslav Laiuk, Bohdana Matiiash, Olena Stiazhkina, and others.

DZVINIA ORLOWSKY is a Pushcart Prize poet, award-winning translator, and a founding editor of Four Way Books. She is the author of six poetry collections including *Bad Harvest*, a 2019 Massachusetts Book Awards "Must Read" in Poetry. She is a recipient of a Massachusetts Cultural Council Poetry Grant, a Sheila Motton Book Award, and a co-recipient of a 2016 National Endowment for the Arts Literature Translation Fellowship (with Jeff Friedman). Her first collection, *A Handful of Bees*, was reprinted as part of the Carnegie Mellon University Press Classic Contemporary Series. Her latest book of poetry, *Those Absences Now Closest*, is forthcoming from Carnegie Mellon in Fall 2024.

Kinsella and Orlowsky's co-translations of Natalka Bilotserkivets's selected poems, *Eccentric Days of Hope and Sorrow* (Lost Horse Press, 2021), was a finalist for the 2022 Griffin International Poetry Prize, the Derek Walcott Prize for Poetry, ALTA's National Translation Award in Poetry, and winner of the American Association for Ukrainian Studies 2020–2021 Translation Prize.